# REISEN IN EUROPA

# GRAN CANARIA

«In den Schwung der Küsten gehe ich begeistert hinein – in dem sie zurückweichen, schaffen sie den Stolz des Landes, das Vorgebirge, indem sie vorgleiten, ermöglichen sie den Triumph des Meeres, die Bucht. Es ist etwas geistvoll Heraklitisches um diesen immer abenteuernden, und das ist: kurvenden Saum. Das Land ist kapriziös, lebt von den Einfällen des Augenblicks gegenüber dem Ernst des sich gleichenden Meeres, das im Widerspiel von Licht und Schatten bald blau und golden glänzt, bald bleifarben droht – und andrerseits scheint das Land stumpf und schwerfällig, vergleicht man es mit der Leichtigkeit, mit der der Ozean sich dem geringsten Anstoß des Wetters unterwirft, mit der er stündlich ein anderer wird. An der Strandlinie werden unablässig zwischen den Elementen die Kategorien ausgetauscht ...»

GERHARD NEBEL, Phäakische Inseln, 1954

Malerisch wie «gewachsen», überschaubar geplant: Puerto de Mogán, ein angenehmer Ort zum Urlauben an der westlichen Südküste.

BAR
REST
BAR BOLERO
ERO ERO

Wasser ist kostbar auf Gran Canaria, dementsprechend wichtig sind die Stauseen. Einer der schönsten ist die Embalse de Cueva de las Ninas.

REISEN IN EUROPA

# GRAN CANARIA

Fotos Axel Schenck
Text Jochen Müssig

BUCHER

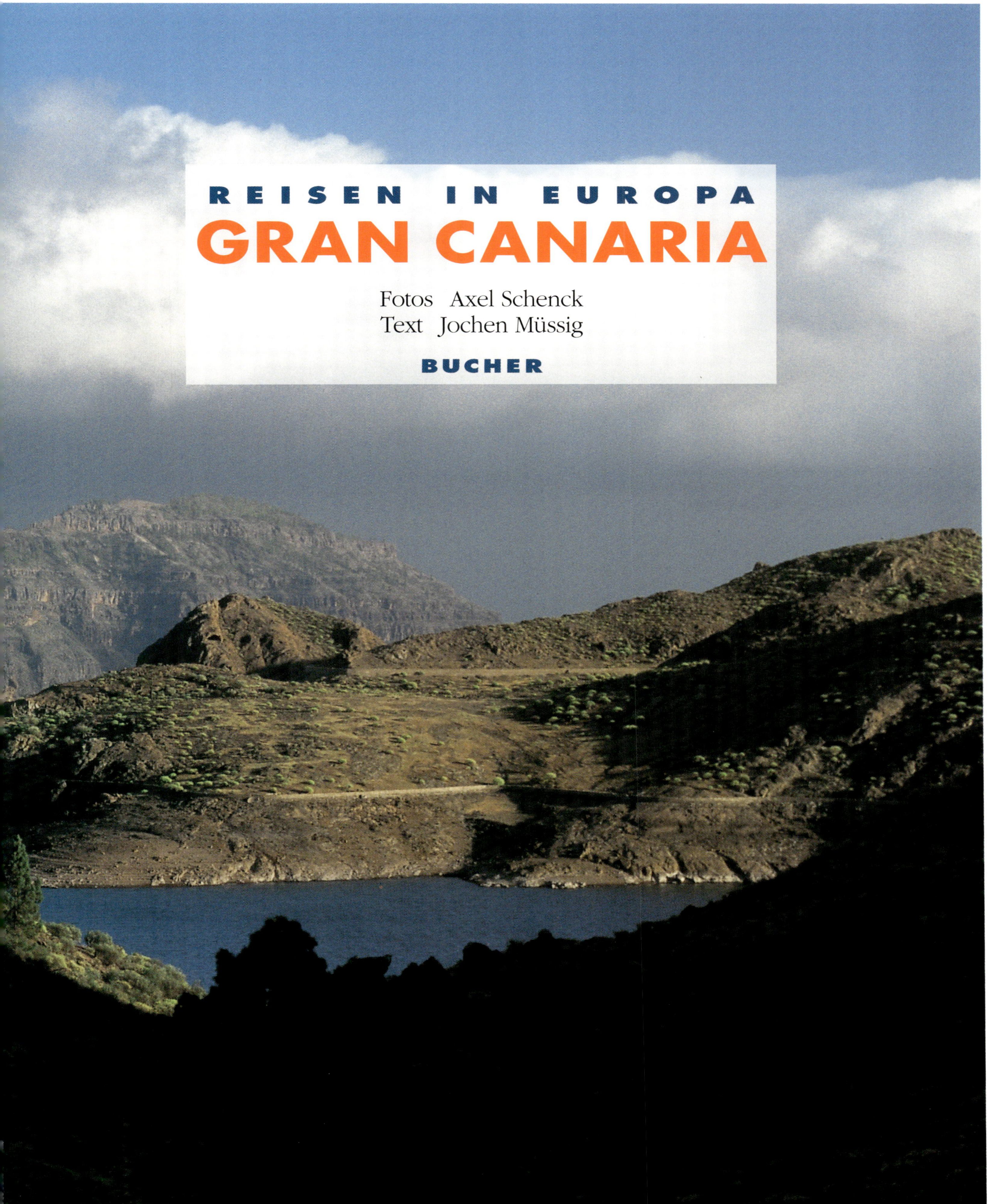

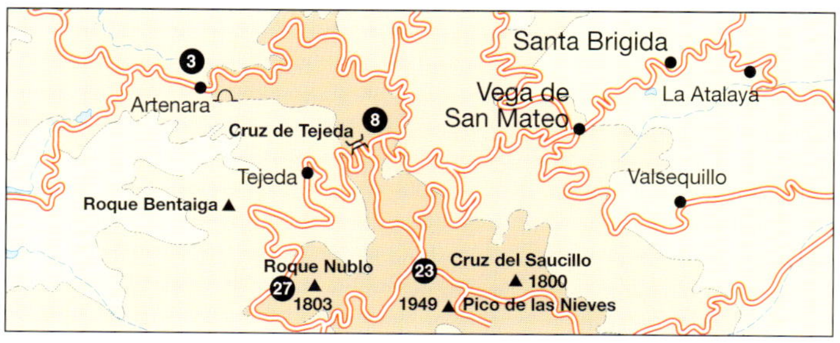


**Links oben:** Die Attraktion von Arguineguín ist der Hafen mit den traditionellen Booten und Fischrestaurants.

**Links Mitte:** Bestechend die intensive Blütenpracht der Insel.

**Links unten:** Bei Era de Cardon, oberhalb von Sardina, meckerts in allen Tönen auf der größten Ziegenfarm der Insel.

Oben: Geschichtliche oder religiöse Anlässe gibt es zuhauf, auf Gran Canaria wird immer etwas gefeiert. Viele der Fiestas haben nur lokale Bedeutung, werden deshalb aber nicht minder ausgelassen begangen, andere bewegen die ganze Insel, wie Karneval oder Semana Santa (hier die Karfreitagsprozession in Las Palmas vor der Kathedrale).

Agaete im Nordwesten, noch weitgehend unberührt vom Tourismus und Ausgangspunkt von Touren ins üppig blühende Valle de Agaete.

# WO DIE SONNE ÜBERWINTERT

Kreiselartist in San Bartolomé. – Die Canarios sind freundlich und begegnen den Fremden offen, wie schon ihre Vorfahren den Seefahrern auf dem Weg in die Neue Welt.

Es ist jeden Morgen das gleiche kuriose Spiel: Zuerst werden die Frühstücksbüffets in den Hotels geplündert. Dann wird kräftig Sonnencreme mit dem Lichtschutzfaktor 14 auf- und der knappe Bikini angelegt. Und dann geht's los: «vamos a la playa!» Zu Tausenden strömen sie in Badelatschen und Strandslippern von ihren Unterkünften zum größten Sandkasten von Gran Canaria, den Dünen von Maspalomas.

Touristen! Olé! Bevor jedoch der Spaß beginnt, muß man den Prospekt-Parcours meistern: Die Prospektverteiler von Maspalomas lauern den Touristen auf, wie die Raubtiere ihrer Beute. Wer so viel Zeit für den Urlaub mitbringt, so die Überlegung der Werbelöwen, wird die eine oder andere Abwechslung gern wahrnehmen. Vogelpark und Kamelsafari, Disko und Pub, und am schlimmsten – Time-Sharing bei Wohnungen.

Die Prospekt-Raubtiere trauen sich nicht an den Strand und in die Dünen – ein scheinbar ehernes Gesetz. Dort sind die Touristen unter sich und zelebrieren den magischen Vierklang aus Sonne, Sand, Strand und Spaß!

Las Palmas und Maspalomas – Palmen hier, noch mehr Palmen dort: Sie, der magische Vierklang und der ewige Frühling auf der Insel waren entscheidend dafür, daß Gran Canaria zu einem der absoluten Renner in der Gunst der europäischen, vor allem der deutschen Urlauber wurde. Ganz besonders sehnsüchtig träumen die Sonnenhungrigen während der Wintermonate, wenn in der kalten Heimat das Thermometer Minusgrade mißt. Dabei kann die Welt nach gut vier Flugstunden schon ganz anders aussehen. Morgens starten und nachmittags am Strand liegen – das geht im Winter sonst nirgendwo in Europa! Falls ausgerechnet am Ankunftstag einmal dunkle Wolken über der Insel hängen sollten, darf zehn zu eins gewettet werden, daß der nächste Tag die begehrte Sonne, blauen Himmel und hohe Temperaturen beschert. Gran Canaria gehört nämlich nur politisch zu Europa: Klimatisch gesehen weist ihre Lage die Insel eher als zu Afrika gehörig aus, denn sie liegt auf der Höhe von Südmarokko, das gerade einmal rund 200 Kilometer Luftlinie entfernt ist.

## VOM FISCHERNEST ZUR URLAUBSSTADT

In Maspalomas standen vor knapp 40 Jahren nur ein paar Fischerhäuschen. Heute glitzern die Ferienanlagen am Tag im gleißenden Sonnen- und in der Nacht im schrillen Neonlicht, reiht sich Vergnügungspark an Disko und Restaurant an Supermarkt. Zur Auswahl stehen Geschäfte mit den neuesten

Gepflegt und ruhig präsentiert sich das «weiße» Städtchen Agaete seinen Besuchern, die von hier aus meist das Valle de Agaete erkunden: ein großer, verschwenderisch blühender «Garten», in dessen mild-feuchtem Klima exotische Früchte – von Mangos und Pampelmusen zu Papayas und Orangen – reifen.

Vom «Teutonengrill» hat man bei den südlichen Stränden gesprochen und sich über die sonnenhungrigen Mittel- und Nordeuropäer lustig gemacht. Aber Maspalomas an der Südküste ist mehr: ...

...Herrlichster Sandstrand über Kilometer und Sonne satt das ganze Jahr. Eher eine Weltanschauung als simpler Bade- und Grillplatz. Vamos a la Playa!

Modetrends im Schaufenster und Läden, in denen elektronische Geräte vom Personal-Computer bis zu digitalen Videokameras locken.

1998 wurden 2 987 000 Besucher auf Gran Canaria gezählt, 922 000 von ihnen hatten einen deutschen Paß, also ungefähr 30 Prozent. Nur die Briten waren um ein paar hundert Mann mehr auf der «Insel der Seligen» vertreten. Der bekannteste Strand der Kanarischen Inseln ist ja schließlich nach ihnen benannt: Obgleich in Playa del Inglés, also dem Strand der Engländer, und natürlich in Maspalomas zumindest in der Hochsaison mehr deutsche Dialekte als spanische Wortfetzen oder englisches Jauchzen zu hören sind.

## UNTERWEGS UND DOCH DAHEIM

Die Besucher wohnen in der Avenida Touroperator Neckermann oder in Parallelstraßen, die offiziell nach TUI, Tjaereborg oder Kaufhof benannt sind. Wenn die Stadtväter von Maspalomas ihre Straßen nicht nach heimischen Persönlichkeiten aus Kultur, Sport oder Politik, sondern nach deutschen Reiseveranstaltern taufen, paßt das bestens zum Image, daß Gran Canaria – ähnlich wie Mallorca – eine deutsche Urlaubskolonie par excellence ist. Gute

Neben vielen Sportmöglichkeiten und einem regen Nachtleben bietet Maspalomas Strandentertainement vom Feinsten: Dromedarreiten durch die Dünen gehört dazu, und nur selten können die Wüstentiere so entspannt wiederkäuen. Die nächste Touristengruppe läßt nicht lange auf sich warten.

Das Design der Kioske, Restaurants und Reklametafeln scheint international: Hier gibt es alles – vom Sonnenöl und Stileis bis zu den gewohnten Limos, Windeln und Zeitungen.

Argumente dafür gibt's so viel wie Sonnenbrillen an den Kiosken. Gran Canaria bietet deutsche Bäkkereien, Metzgereien und «Fachgeschäfte für deutsche Lebensmittel». Selbst «Deutsche Weine in großer Auswahl zu günstigen Preisen» werden offeriert. Deutschsprachige Zeitungen und Radiostationen sind so selbstverständlich wie die «Deutsche Druckerei». Die «Deutsche Videothek» protzt mit über 6000 Filmen und dem Zusatz «die größte auf Gran Canaria». Es gibt eine deutsche Autoreparaturwerkstatt, die Allianz-Vertretung und deutsche Optiker. Die Anzahl deutscher Arztpraxen – inklusive Schönheitschirurgie – ist schon so unüberschaubar geworden wie die Büros der seriösen und unseriösen Immobilienmakler. Auch für fortgeschrittene Urlauber, die ihren Lebensabend auf Gran Canaria beschließen wollen, gibt es deutsche Dienstleister genug, die Umzug, Einrichtung, Verwaltung und Pflege des Anwesens übernehmen.

Gran Canaria wird oft genug in einem Atemzug mit Bettenburgen, Bausünden und Betonklötzen genannt. Daß so viel darüber geschrieben wurde, hat auch einen Vorteil: Wer zum ersten Mal nach Gran Canaria kommt, stellt sich die Hotelkomplexe riesiger, eklatanter und häßlicher vor, als sie in Wirklichkeit sind. Und ob die Costa Canaria nun überlaufen

ist oder nicht, entscheidet immer noch jeder Gast subjektiv nach seinem Geschmack. Objektiv betrachtet sprechen die Zahlen eine gemäßigte Sprache. Das englische Stratford-upon-Avon ist europaweit die Stadt, die gerechnet pro Einwohner am meisten Touristen zählt: In Shakespeares Geburtsort kommen auf einen Einheimischen 109 Touristen. Auch in Venedig dominieren Urlauber das Bild: In der Lagunenstadt liegt das Verhältnis Einheimische zu Touristen bei 1:94, wie das britische Marktforschungsinstitut »Travel and Tourism« ein Jahr vor der Jahrtausendwende herausfand. Maspalomas ist dagegen mit einer Relation von 1:40 geradezu eine Oase.

**Ein vergängliches Stück Kunst aus viel Sand und gutem Willen am Strand von Maspalomas. Das flanierende Publikum ist dankbar für diesen gestalterischen Akt und spendet großzügig in die Künstlerkasse.**

Wer hätte je gedacht, daß aus Gran Canaria eines Tages eines der großen Zentren des Welttourismus werden würde? Nicht Kolumbus, nicht die Fischer am Hafen von Las Canteras, nicht Herr Neckermann: Niemand hätte diesen Boom vorhersagen können.

## HEISSE VULKANE, HEFTIGE KÄMPFE: DIE GESCHICHTE

Rund 14 Millionen Jahre vor unserer Zeitrechnung bricht westlich der afrikanischen Küste unter dem Meeresspiegel die Erdkruste auf: Durch unvorstellbare vulkanische Ausbrüche entsteht das heutige Gran Canaria, die drittälteste der Kanarischen Inseln. Bereits im Altertum darf sich Gran Canaria mit der Beschreibung »Insel des ewigen Frühlings« schmücken und legte so frühzeitig den werbenden Grundstein für den enormen Tourismusboom des ausgehenden zweiten Jahrtausends.

**Das Temperament ist nicht von schlechten Eltern: Im nächsten Augenblick fliegt der Sand, und es gibt Tränen … am Strand von Playa del Inglés.**

Steinzeit und Moderne liegen auf Gran Canaria dicht beieinander. Vier dunkle Löcher klaffen in der Felswand des »heiligen Bergs«, dessen Kuppe einem Schädel gleicht, aus dem vier torgroße Augen in die Weite starren: Auf dem Montana de las Cuatro Puertas, dem Berg der vier Tore, standen einst die kanarischen Ureinwohner mit Lanzen, die Steinspitzen trugen, und spähten in Erwartung des Neuen und Unbekannten übers Meer. Von dort kamen die meist negativen Veränderungen. Und von dort kommen jetzt die Flugzeuge der Chartergesellschaften aus ganz Europa.

In der Ferne erscheint im schimmernden Gegenlicht ein kleiner Punkt. Er wird größer und schwebt auf den mythenumwobenen »heiligen Berg« zu. Kurz darauf setzt er auf dem Flughafen Gando zur Landung an. Wahrscheinlich hätten die Guanchen, wie die Altkanarier genannt werden, den Airbus für einen magischen Donnervogel gehalten. Die Wachen hätten Alarm geschlagen – und alle wären mit ihren Lanzen zum »heiligen Berg« geeilt.



*Fortsetzung Seite 19*

Alle Gran-Canaria-Urlauber kennen ihn, den «Faro» von Maspalomas, Leuchtturm und Wahrzeichen am Dünenstrand der Touristenmetropole im Süden. Hier verabredet man sich zum obligaten Strandspaziergang, und von hier geht's retour in die Bungalowsiedlungen und zu den Parkplätzen.

Am familienfreundlichen Strand von Maspalomas, dahinter die nach rechts anschließenden Dünen und das zum Norden schroff ansteigende Gebirge.

Coca-Cola

Wabenartig steigen die Apartementblocks den Hang hinauf. Und doch hat jeder Gast seinen Platz an der Sonne. Puerto Rico ist ein von Deutschen und Engländern gleichermaßen besuchter Ferienort an der Südküste.

Puerto de Mogán gilt als geglücktes Beispiel für eine auf dem Reißbrett geplante, aber in den Dimensionen menschliche Ferienarchitektur. Hafen …

Auf der Freifläche vor den vier Toren wurde noch mit Steinmessern geopfert, als die spanischen Konquistadoren an Land gingen. Ihre Schwertklingen setzten blutig der Steinzeit ein Ende. Nur zwei Jahrzehnte später brach mit der Entdeckung Amerikas die Neuzeit an, damals, als die Kanarischen Inseln und vor allem El Hierro als westlichster Punkt des Archipels die Grenze der bekannten Welt markierten: Die Erdscheibe schien dort zu Ende zu sein, dahinter konnte nur der Abgrund, das Grauen und der taumelnde Fall ins Nichts kommen.

Die Route von Christoph Kolumbus führte über den Kanarischen Archipel. Kolumbus suchte Indien und fand nicht nur die Westindies, die heutige Karibik, sondern auch das Festland von Amerika. Bald wurden die Kanaren zur letzten Station auf dem Weg in die Neue Welt. Besonders Las Palmas' Hafen wuchs in dieser Zeit langsam aber sicher zu einer Art Schnittstelle zwischen Mittelalter und Moderne heran. Von hier erschlossen Galeonen und Barken die Neue Welt. Zu verdanken war dies der privilegierten Lage: Gran Canaria wird von den Routen zu den drei Kontinenten Europa, Afrika und Amerika berührt. Die Kanaren waren später auch die letzte Station der königlichen Silberflotten, die, umlauert von Piraten, ihre Schätze aus dem Westen sicher heim nach Spanien bringen mußten.

Schon 1344 hatte Papst Clemens VI. den ersten König der Kanarischen Inseln ernannt. Es war Luis de la Cerda, ein Enkel von Alfons X. von Kastilien. In dieser Zeit machten sich erste Menschenhändler in Richtung Kanarische Inseln auf, verschleppten Guanchen nach Sevilla, wo sie auf dem Sklavenmarkt verkauft wurden. Das ruhige Leben der Höhlenmenschen hatte ein Ende.

300 Jahre lebten die Canarios ein beschauliches, von den großen politischen, militärischen, wirtschaftlichen und sozialen Umbrüchen fast unberührtes Inseldasein. Daß General Francos Putsch gegen die spanische Republik 1936 von den Kanaren ausging, hat daran auch nichts geändert.

… und «Altstadt» wirken wie ein organisch gewachsener Ort mit Gassen, Brücken und Plätzen – eingebettet in allgegenwärtigen, exotisch leuchtenden Blumenschmuck.

## DIE TOURISMUSWELLE

Erst in den sechziger Jahren unseres Jahrhunderts folgte schließlich ein weiterer großer Einschnitt, der die sonnenverwöhnte Inselgruppe aus dem Dornröschenschlaf rüttelte: Sie wurde vom Tourismus entdeckt – ein Schatz, der zigfach versilbert wurde und unverhofft einen riesigen Aufschwung brachte. Mit den Urlaubern kamen Kataloge, Medienberichte und Feriengeschichten, so daß Maspalomas und Playa del Inglés heutzutage jeder Erwachsene in

**In der Nähe von Arguineguín steht ein mächtiges Zementwerk, und der nahe Strand gehört nicht zu den einladensten. Die Fischliebhaber stört das kaum; sie wissen, daß es hier außer dem morgendlichen Fischmarkt (mit Einzelverkauf) auch eine Reihe guter Restaurants gibt, in denen der Fisch frisch auf den Tisch kommt.**

Europa kennt, ob in Kiel oder Konstanz, in Finnland oder Frankreich, im Süden wie im Norden.

75 Prozent der Canarios sind im Tourismus beschäftigt. Kaum einer von ihnen aber wohnt in den berühmten Touristenhochburgen im Süden. Da der Wohnraum dort viel zu teuer ist, kommen sie zum Teil aus den Bergen, aus Las Palmas oder aus den Ortschaften der Umgebung, wie Vecindario, das durch seine Bushaltestellen auffällt: Dieses 3000-Einwohner-Nest leistet sich immerhin mit Kachelmosaiken geschmückte Unterstände.

**In der Markthalle von Las Palmas. Fisch in allen Zubereitungsarten gehört zum Besten, was die kanarische Küche bieten kann. Aber wie fast überall wird er auch hier rarer und teurer.**

Dem guten Verhältnis zwischen Einheimischen und Besuchern tut die Einteilung in teure touristische Orte und preiswerte spanische Enklaven meist keinen Abbruch. In der Nähe des «heiligen Bergs», in der Höhlengaststätte «Tagoror», sitzen Canarios und Urlauber einträchtig zusammen. Auf der Terrasse wird *puchero* serviert. Der deftige Eintopf mit Fleisch und Maiskolben lockt die Fremden und die Einheimischen gleichermaßen an. Die Kellnerin erzählt von den Urcanarios, die einst in Höhlen wie dieser lebten. Sie gewährten im Winter Schutz und Wärme und in den heißen Sommermonaten angenehme Kühle – Vorteile, die man sich in dieser Gegend über Jahrhunderte zu Nutzen machte. Das weiche Tuffgestein ermöglichte den Guanchen mit ihren Steinwerkzeugen den Ausbau zahlreicher Höhlen zu Wohnstätten.

Jede Generation eroberte sich freilich ein Stück mehr an Komfort: Heutzutage finden auch Waschmaschine und Kühlschrank, Fernsehgerät und Stereoanlage ihren Platz. Einige Höhlenwohnungen

**Auch in Arguineguín können längst nicht mehr alle Fischer vom Fischfang leben. Die Kinder arbeiten sowieso lieber für den boomenden Tourismus, als die Nächte bei harter körperlicher Arbeit auf dem Wasser zu verbringen.**

wurden in den letzten Jahren sogar für Feriengäste hergerichtet. Mit dem *turismo rural* soll der Region ein Schub gegeben werden.

«Nicht unbedingt etwas für arme Leute», meint die erfahrene Bedienung: «So ein kühles Refugium für die heißen Sommermonate kostet eben sein Geld.» Das gilt für Canarios wie für Touristen. Die traumhafte Aussicht bis zum Meer ist dabei allerdings schon im Preis inbegriffen...

## BAUSÜNDEN, BETON UND BETTENTÜRME

Das Zauberwort unserer Zeit lautet *urbanizacíon* – die städtisch-touristische Erschließung von Brachland. An der Südküste Gran Canarias läßt sich kaum ein Ort finden, in dem nicht gebaut, nicht Neuland touristisch erschlossen wird.

Um den zahllosen Schwarzbauten vorzubeugen, wurden Anfang 1999 praxisnähere Vorschriften für den Bau neuer Hotels erlassen. Über dem derzeit größte Vorhaben schwebt jedoch immer noch das Damoklesschwert: An der Playa de Tauro entsteht ein Projekt mit 7500 Gästebetten, zwei Golfplätzen und einem Jachthafen. Baugenehmigungen liegen zwar vor, aber überraschend ist bei der Inselregierung ein Dokument aufgetaucht, das andere Besitzer des Grundes ausweist, als der Käufer angab.

Ein Beispiel zeigt freilich, daß es auch anders geht: ohne Schwarzbauten und ohne offensichtliche Häßlichkeit. Puerto Mogán besticht durch eine unglaubliche Blumenvielfalt, einen edlen Jachthafen

**Bis fünf Meter lang und einige Hundert Kilogramm schwer können Thunfische werden. Dieses prächtige Exemplar ist nicht ganz so groß, macht den Fischer in Puerto de Mogán aber trotzdem glücklich.**

und weiß gekalkte Häuser. Am Rand zeigen sich zwar die ersten Hotelkomplexe in der ihnen typischen Rasterbauweise, doch der alte Ortskern von Puerto Mogán ist davon unbeeinflußt. Hier geht das Leben seinen Gang, als gäbe es Beton und Touristen gar nicht.

Auch in Pasito Blanco, einem privaten Jachthafen zwischen Maspalomas und Arguineguín, gehen die Uhren anders. Hinter einer Schranke mit Wachposten verbirgt sich ein kleines Schmuckkästchen, das unter der Woche aber besucht werden kann. Selektion statt Masse lautet hier die (private) Devise.

Bekannt wurde Pasito Blanco durch das Weltraumzentrum der NASA, oberhalb des kleinen Dorfs. Die riesigen Satellitenschüsseln des Beobachtungszentrums sind schon von weitem zu sehen. Von hier wurden die erste Mondlandung und später weitere Apollo-Fahrten ins All kommunikationstechnisch gesteuert.

Tradition und Moderne liegen eben auf Gran Canaria nah beieinander. Da bleiben Konflikte nicht aus. Während der Tourismus in seiner aggressiven Ausprägung Natur und Tradition bedroht, kann er auf der anderen Seite doch auch Arbeitsplätze und kulturelles Leben bewahren helfen.

**Funktionstüchtig bis ins Mahlwerk strahlt die Mühle im neuen (alten) Glanz, und alle sind stolz auf das Wunderwerk am südlichen Ortseingang des gepflegten Bergdorfs Mogán.**

## LEBENSELEXIER WASSER

Heute werden nur noch acht Prozent der Inselfläche landwirtschaftlich genutzt. Das dafür benötigte Süßwasser zu beschaffen war schon immer ein großes Problem. Doch mit der dritten Meerwasserentsalzungsanlage, vom spanischen König Juan Carlos höchstpersönlich eingeweiht, gilt die Süßwasserversorgung für Mensch und Landwirtschaft als gesichert, zumal auch die Stauseen in der Cumbre ein gutes Reservoir für die Trinkwasserversorgung darstellen.

Dennoch klagen viele Bauern, das Wasser sei zu teuer. Städter dagegen bemängeln eher seine Qualität: Die Hausfrau dreht zum Kochen nicht einfach den Hahn auf, sondern nimmt das in großen Plastikbehältern abgefüllte Wasser aus dem Supermarkt. Aber es kann bis heute passieren, daß man auf alte Bäuerinnen trifft, die den Gang zum Brunnen noch täglich machen. Sie können so manche Geschichte erzählen. Wer in ihre zerfurchten Gesichter, auf ihre abgearbeiteten Hände und die gekrümmten Rücken schaut, weiß, wie hart ihr Leben war und zuweilen immer noch ist.

Nur noch fünf Prozent der arbeitenden Bevölkerung sind in der Landwirtschaft tätig. Zum Vergleich: 20 Prozent leben von der Arbeit in Industrie und

**Mogán gilt als wohlhabendes Künstlerdorf, in dem man besonderen Wert auf die originalen Wohn- und Lebensformen legt. Der schnelle Tourismus hat hier keine Chance, aber gerade deshalb wurde der Ort zur gernbesuchten Attraktion im fruchtbaren Südwesten.**



*Fortsetzung Seite 31*

«Dedo de Dios» heißt der Felsen beim Hafen von Puerto de las Nieves, der «Finger Gottes» – weitbekanntes Wahrzeichen des aufstrebenden Fischer- und Fährortes bei Agaete in der Nordwestecke der Insel. Von hier starten die schnellen Fährschiffe der Fred. Olsen Linie, die in gut zwei Stunden Teneriffa erreichen.

Dem Blick nach Süden öffnet sich von der Straße vor Agaete die schroffe zerklüftete Westküste im weiten Bogen bis Punta de la Aldea.

# KLEINER GARTEN EDEN

## Wo Pflanzenfreunde feuchte Augen bekommen

*Wer am Flughafen ankommt und in sein Urlaubsquartier gen Süden fährt, glaubt es einfach nicht: Gran Canaria soll ein Paradies für Pflanzenliebhaber sein? Gran Canaria ist es, nur nicht auf dem Weg vom Airport an die Costa Canaria!*

Auf der «Insel der Glückseligen» gedeiht und blüht fast alles – man muß nur mit offenen Augen durch die Berge und die Täler wandern oder fahren. Wenn man die passenden Erklärungen und alles auf einen Blick haben möchte, sollte man am besten den Botanischen Garten besuchen: Im Jardin Canario Viera y Clavijo gedeihen rund 5000 unterschiedliche Gewächse, darunter auch fast zehn Prozent endemische, also nur auf Gran Canaria wachsende Pflanzen. Freunde von Kakteen kommen mit dem Zählen der verschiedenen Arten nicht mehr nach; Blumenliebhaber geraten ob der Pracht ins Schwärmen. Wer Zierpflanzen schätzt, findet hier beinah alle Arten dieser Welt.

Aber auch außerhalb des Gartens gibt die Pflanzenwelt dem aufmerksamen Betrachter ein breites Spekturm von der Schönheit dieser Welt. Ob die herrliche Papageienblume, die feuchten Lorbeerwälder, haushohe Kakteenbestände, farbenprächtige Frühlingsblumen oder die robuste kanarische Kiefer: Die Vielfalt der Pflanzenwelt versetzt jeden ins Staunen.

Unter den Nutzpflanzen gilt die Bananenstaude immer noch als die wertvollste und am weitesten verbreitete. Auch Tomaten, Avocados, Gurken, Paprika, Orangen und Zitronen, Mangos und sogar Kiwis wachsen im Überfluß.

Besonders geschätzt wird auf der Insel der Drachenbaum, aus dem die Guanchen einen Großteil ihrer Medizin gewannen. Heutzutage ist der archaisch anmutende Baum eher Zierde, zu Heilzwecken dient inzwischen mehr die Aloe.

Als Urlaubers Liebling gilt aber selbstverständlich die Palme, womit natürlich gleich mehrere Arten der insgesamt 2800 Schwestern zählenden Familie gemeint sind. Auf Gran Canaria handelt es sich in den meisten Fällen um Dattelpalmen oder deren nahe Verwandte. Kurios: Die Palme ist gar kein Baum – botanisch gesehen, gehört sie nämlich zu den Gräsern!

1

2

3

4

5

6

**Auf den Kanarischen Inseln blüht's «rund um den Kalender», am vielfältigsten aber im Frühjahr.**

1 **Hibiskus gehört zwar nicht zu den endemischen Pflanzen auf Gran Canaria, dafür aber zu den besonders attraktiven.**

2 **Der Star eines Frühjahrmorgens im Jardín Botánico: Die herrliche Kaktusblüte bezauberte alle Besucher und wurde auf vielen Filmen verewigt.**

3 **Mispeln schmecken hervorragend und gelieren vorzüglich. Dazu sind sie vitaminreich und wachsen unproblematisch.**

4 **Auch wenn sie so aussieht: Kandelaberwolfsmilch gehört nicht zu den Kakteen. Der milchige Saft ist giftig, und man vermutet, daß die großen Exemplare des südlichen Gran Canaria mehr als hundert Jahre alt sein könnten.**

5 **Eine ganz normale Mohnwiese kann ein herrlicher Anblick sein.**

6 **Der Jardín Botánico liegt nur wenige Kilometer südwestlich von Las Palmas. Als Landschaftsgarten ist er besonders reizvoll für Pflanzenfreunde, die Naturnähe und Ursprünglichkeit lieben.**

Auf dem Weg von San Bartolomé de Tirajana nach Ayacata: Überall, wo eine Bodenkrume den Fels deckt und es ein wenig feucht ist, leuchten die Hänge ab Februar in kräftigen Frühlingsfarben.

Bringt Ästheten ins Schwärmen: ein höchst delikater Farbkontrast zwischen Mandelblüten und dunklem Lavaboden.

Der Friedhof von Santa Lucia Ingenio – eine grüne Insel auf dem Weg nach Fortaleza Grande, wo einst der Widerstand der Altkanarier gegen die Spanier zusammenbrach. Im Gedenken daran wird jeden 29. April hier die Fiesta de Ansite gefeiert.

Von San Bartolomé de Tirajana windet sich die Straße Richtung Maspalomas durchs trockene Barranco de Fataga. Der gleichnamige Ort noch im oberen Teil des Tals wirkt wie ein praller Garten Eden mit seinen Obstplantagen und Palmen, eingebettet in ein buntes Blumenmeer.

Ein enormer Kontrast zwischen der grünen Palmenoase und der steinernen Mondlandschaft. Jenseits der fruchtbaren Talsohle des Barranco de Fataga steigen die Felswände bis fast 1500 Meter an.

Handwerk, 75 Prozent derjenigen, die Arbeit haben, verdienen ihr Geld direkt oder indirekt durch Tourismus. Das verwundert nicht, denn Rückschläge in der Landwirtschaft waren nicht selten und bedrohten die Existenz stärker als die schlechten Tourismuszahlen in den Jahren 1973 und 1978: Zucker erwies sich als unrentabel, der Weinanbau fiel der Reblaus zum Opfer, und die Bananenwirtschaft muß sich bis heute gegen günstigeres Obst aus Ländern der Dritten Welt behaupten. Der Obstanbau ist längst vom Massentourismus als wichtigstem Devisenbringer verdrängt worden. Dennoch ist die Arbeitslosigkeit mit etwa 15 Prozent recht hoch, so daß sich die Erwartungen der Arbeitssuchenden auf die Tourismusbranche richten. Mit Steigerungsraten von fast 20 Prozent jährlich erscheinen diese Hoffnungen berechtigt.

## KONTINENT *EN MINIATURE*

Dem Mittelpunkt des kanarischen Archipels haftet ein Superlativ an, den sich so manche Ferienregionen der Welt ebenfalls gern zuschreiben würden: Gran Canaria gilt als Kontinent im Westentaschenformat. Wer sich aus Maspalomas, Playa del Inglés oder San Agustin heraustraut, der wird auch die Vielfalt entdecken, die dieses Kompliment rechtfertigt. Man muß dazu nur ein bißchen über die Pool-Bar gucken, über die allgegenwärtigen Reklameschilder an der Autobahn hinwegsehen und darf nicht nur die manchmal recht häßlichen Hotelfassaden im Visier haben.

Auch vom ersten Eindruck sollte sich der Besucher nicht täuschen lassen. In der Nähe des Flughafens zeigt sich eine ziemlich öde Landschaft mit Industrieanlagen, Lagerhäusern und futuristischen Windrädern zur Stromgewinnung. Die Inselschönheit mit Goldrandkante ist hier nicht zu finden: Trockenhänge säumen die Straße in den Süden. Nur wo Bewässerungsanlagen den Boden tränken, gedeihen Tomaten, anderes Gemüse und sogar Bananen. Wasser ist kostbar. Also bleiben große Flächen *malpaís*, ödes Land, aus dem zuweilen allerdings auch pittoreske Kandelaberwolfsmilch sprießt. Selbst die Berge geben sich bedeckt, liegen im Dunst und lassen allenfalls erahnen, welche Schönheiten sich hinter den Schleiern verbergen. Einzelne windzerzauste Palmen am Straßenrand machen Hoffnung auf sattes Grün und Südseeblau.

Der Süden Gran Canarias im Windschatten des «versteinerten Gewitters» ist – abgesehen von bewässerten Plantagen – trocken wie eine Wüste. Wenn im Norden der Insel der Himmel bedeckt ist, scheint im

Die Dromedare nehmens gelassen. Für die Menschen ist es ein eigenartiges Gefühl, links oder rechts im Kamelsitz durch die Landschaft zu schwanken. Bei Kindern wird das fehlende Gewicht mit Sandbeuteln ausgeglichen.

Den fertigen Decken und Umhängen sieht man nicht an, wieviel Handarbeit in ihnen steckt. Daran gemessen sind auch die Preise vernünftig.

Süden oft noch die Sonne. Eine insulare Wetterscheide macht's möglich. Ab dem Mirador del Balcón wird das Wetter nach Norden hin in der Regel weniger sonnensicher und öfter auch mal bewölkt.

Maspalomas mit seiner Palmenoase gilt als klitzekleines Sahara-Schwesterchen. Die weiten Dünenstrände sind aber groß genug, um Tausenden von Sonnenhungrigen und Badelustigen Tag für Tag ungetrübte Freuden im überdimensionalen Sandkasten zu gewähren. Und nachts steht Playa del Inglés bereit zu übernehmen: Da gibt's Rummel, Rambazamba und jede Menge Rum. Tagsüber folgt dann wieder ein bißchen Ruhe, bestimmt vom bereits anfangs erwähnten magischen Vierklang aus Sonne, Sand, Strand und Spaß.

## PFADFINDER UND ENTDECKER

Immer mehr Menschen suchen das andere Gran Canaria, das sich auf dem Fahrad oder im Jeep, aber auch zu Fuß dem Entdecker erschließen kann, denn es gibt ein einmaliges Angebot zum Wandern auf Wegen mit den unterschiedlichsten Anforderungsprofilen. Die Genießer dramatischer Gebirgslandschaften nehmen auch darum zu, weil die Inselmitte doch wirklich Spektakuläres bietet: wildzerklüftete

Hier ist alles versammelt, was die Insel an Kitsch, Kunst und Kunsthandwerk zu bieten hat. Und im Laden (hier in Fataga) warten noch schönere Dinge, die später einen Ehrenplatz in der Vitrine zu Hause erhalten.

Ingenio: Im Museum für Steine und Kunsthandwerk (Museo de Piedras y Artesanía Canaria) demonstriert man den Touristen gern die große Kunstfertigkeit der Hohlsaumstickerei, die die jungen Frauen in der Stickereischule lernen. Neben den traditionellen werden behutsam auch neue Muster ausgeführt.

Vulkanruinen, Reste einer Millionen Jahre alten Entwicklung, spektakuläre Panoramablicke von einsamen Berggipfeln und eine Pflanzenvielfalt außergewöhnlicher Art.

Nicht nur das Geologenherz schlägt höher, wenn man auf dem Weg von Mogán nach San Nicolás de Tolentino die aufgerissenen Felsen sieht, deren Inneres die verschiedensten Mineralien bunt färben, mal grün, mal ocker, mal braun. Ob nun bei Mogán, um Artenara oder Cruz de Tejeda oder schon am Rand des Gebirges, wie etwa bei Santa Lucia oder Firgas, wo man nebenbei die größte Abfüllanlage für Mineralwasser auf der Insel besuchen kann: Wer sich nur ein wenig abseits der großen Zentren bewegt, wird Beschaulichkeit, Ruhe und die Schönheit der Inselmitte erleben. Man bleibt manchmal fast allein, trotz ganzer Armadas von Mietwagen-Corsas in giftgrün, knallrot, azurblau oder auch mal schneeweiß, die sich inzwischen aufmachen, um das Hinterland zu entdecken.

Aber auch die steile, zerklüftete Westküste, die ihren Höhepunkt am Mirador del Balcón hat, ist eine Exkursion wert. Die herrlichste Küste der Insel mit Bergen, deren filigrane Zacken bis zur Spitze grün sind, zieht sich von Puerto de la Aldea über El Balcón, wie der wunderschöne Aussichtspunkt gern

abgekürzt wird, bis El Risco. Dann wird es etwas flacher, weniger schroff und bizarr. Die Fahrt endet jedoch im Norden nochmals mit einem Highlight, dem Finger Gottes, Dedo de Dios, der mahnend aus dem Ozean in den Himmel deutet. Der Hafen von Puerto de las Nieves, von dem man den besten Blick auf den Gottesfelsen hat, ist trotz der wachsenden Zahl an Besuchern ursprünglich geblieben. Die Alten sitzen in stoischer Ruhe auf Bänkchen am Straßenrand und schauen dem Treiben mit Gelassenheit zu. Kopf und Hände sind auf den Spazierstock gestützt. Der Blick wandert – manchmal auch etwas mißtrauisch – über die Plaza bis etwas passiert. Und wenn's in den eigenen Reihen ist: Einer der Alten zieht schon mal das Handy aus der Tasche, als wolle er demonstrieren: Ganz von gestern sind wir hier ja auch nicht...

Wer schon einmal in dieser Ecke ist, sollte gleich einen Ausflug ins Agaete-Tal mit einplanen. Die üppige, subtropische Gartenlandschaft gibt einen herrlichen Kontrast zu den Stränden im Süden ab. Eine Autofahrt oder Wanderung in den Barranco de Agaete ist für ein Gesamtbild von Gran Canaria unerläßlich. Die Straßenränder sind überwuchert mit Pflanzen, Blumen und Stauden. Die weiß gekalkten Häuser schmiegen sich eng an die rauen Berge an. Kleine Lokale laden zu Zwischenstops ein, und unten im Tal erkennt man, daß diese Plantagen noch reiche Ernte geben können.

**Landschaften von nahezu mediterran-idyllischem Zuschnitt wechseln mit bizarren Vulkanpanoramen. Besonders schön aber ist Gran Canaria dort,...**

**...wo eigentlich gar nichts Spektakuläres passiert: Blumenwiesen, ein Weinfeld, weiß getünchte Häuser.**

## DAS «VERSTEINERTE GEWITTER»

Den besten Panoramablick hat man jedoch im zerklüfteten Zentralgebirge der Insel: von Los Pechos aus. Los Pechos bedeutet Pfirsiche. Die Militärs haben ihre Radarstation am 1949 Meter hohen Pico de las Nieves so getauft. Von der Aussichtsterrasse unterhalb der riesigen Radarschalen erkennt man in weiter Ferne einen weißen Bergkegel. «Der Fujiyama der Kanaren! Ein weiterer – nein! – der ‹heilige Berg› der Guanchen!» Der Canario, der mit stolz geschwellter Brust seinen Freunden vom Festland seine Heimat zeigt, ist sich der Wirkung seiner Worte sicher. Über einem Meer von Passatwolken thront westwärts der Pico del Teide vom Nachbareiland Teneriffa. Er ist der höchste Berg des Archipels, mit 3718 Metern sogar der höchste ganz Spaniens. Die Hauptstädter aus Madrid staunen, und der Canario ist sichtlich zufrieden.

Für die Fahrt durchs «versteinerte Gewitter», wie der spanische Dichter und Philosoph Miguel de Unamuno das Zentralmassiv nannte, ist allerdings Fahrkunst gefordert, zumindest in einigen Kehren.



*Fortsetzung Seite 40*

18 Löcher auf einer Bahn von 6 Kilometern warten auf Golfer: Der Campo de Golf von Las Palmas liegt bei La Atalaya unmittelbar an der Caldera de Bandama und gilt als der exklusivste Golfplatz der Insel – und als der älteste Spaniens.

Eigentlich will man es zunächst gar nicht glauben, aber dann steht man doch vor ihnen – den in den weichen Tuff gehauenen Höhlenwohnungen im Barranco de Guayadeque. Nicht nur hier, aber hier vor allem hat sich die traditionelle Wohnform der Canarios erhalten – heute allerdings durchaus mit den Annehmlichkeiten der Zivilisation ausgestattet.

1 **Ein ruhmloses Kapitel für Spanien: Doramas, den Fürst von Telde, konnte der Gouverneur de Vera nur durch Verrat bezwingen. – Der Brunnen im Parque Doramas von Las Palmas zeigt das Ende des «letzten Canarios» (im Jahr 1481).**

2–6 **El Mundo Aborigen heißt das einzigartige Freilichtmuseum an der Straße von Maspalomas nach Fataga, in dem ein altkanarisches Dorf in mehr als hundert Figuren, Hütten, Ställen und Feldern zum Leben erweckt wird. Wohnen, Handwerk, Feldanbau und selbst die Heilkunst zeichnen das Bild einer hochentwickelten Kultur und begründen den Stolz der Kanarier auf ihre Herkunft.**

## Im Reich der Guanchen

### Die Kultur der Altkanarier

*Erbittert leisteten die Guanchen Widerstand gegen die Spanier. Obwohl sie nach der Niederlage schnell mit den Eroberern verschmolzen, haben sie sich ihren Stolz bis heute bewahrt.*

»Ich bin kein Spanier, ich bin Kanarier!«, empört sich Secundino Delgado in einem Leserbrief an das Veranstaltungsblatt «info CANARIAS». Stein des Anstoßes ist die Überfremdung auf seiner Insel – auf Gran Canaria. Senor Delgado und die anderen 1,5 Millionen Canarios meinen nicht die ausländischen Touristen oder Residenten, sondern die Festlandsspanier, von denen in den letzten Jahren gut 150 000 zugezogen sind. Auf eine einfache Formel gebracht: Auch Spanier tragen zur Zerstörung des kanarischen Volkscharakters bei.

Dabei ist die Herkunft der Urkanarier bis heute umstritten. Doch vieles spricht dafür, daß die Kanarischen Inseln in mehreren Wellen von Bevölkerungsgruppen aus Nordafrika besiedelt wurden. Das entspricht auch der Auffassung der meisten Canarios, die ihre Wurzeln auf jeden Fall fern der Iberischen Halbinsel sehen und stolz darauf sind, von den Guanchen abzustammen, wie die Altkanarier genannt werden. Gran Canaria ist weder Spanien noch Europa, lautet ihre Devise.

»Mundo Aborigen«, die verlorene Welt von Gran Canaria, nennt sich ein Freilichtmuseum, das 1996 etwa fünf Kilometer südlich von Fataga eröffnet wurde. Der Besucher läßt die Zeit der Guanchen, ihr Leben, ihren Alltag ab etwa 3000 v. Chr. Revue passieren. Ein ganzes Dorf wurde dafür gebaut, mit rund 100 Puppen «besiedelt», um die hierarchischen Strukturen der alten Gesellschaft, ihre magisch-religiöse Welt, soziale Eigenschaften, die Behausungen, Eßgewohnheiten, Körperstärke, Schmuck bis hin zu Begräbnisbräuchen bildlich zeigen zu können: So mußte der Metzger sein Handwerk außerhalb der Dorfgrenzen verrichten. So wurden mit einfachsten Steinwerkzeugen (!) Operationen durchgeführt. Die Jungfrauen gehörten zum angesehensten, weil reinsten, und der Henker, der mit mächtigen Felsklötzen den Kopf des Delinquenten zertrümmerte, zum niedrigsten Stand dieser Urgesellschaft. Ackerbau und Viehzucht prägten die Arbeit, Stockkämpfe die Freizeit der Männer.

1

2

3

4

6

5

Wen das Freilichtmuseum bei Fatuga zu sehr an Disney-World erinnert, der hat eine Alternative: Einen fundierten Einblick ins Leben der Urkanarier gewinnt man auch im Museo Canari in der Calle Dr. Chil in Las Palmas – wenngleich auch lange nicht so plastisch. In diesem Museum werden keine Imitate präsentiert, sondern echte anthropologische, archäologische, ethnografische und geologische Ausstellungsstücke gezeigt.

Playa de las Canteras in Las Palmas. Bevor die Bettenburgen im Süden entstanden, war hier das noble Zentrum des Inseltourismus.

Ein Juwel des Jugendstils – Pavillon im Parque de San Telmo in Las Palmas. Heute ein Café.

Als Rennstrecke dürfte das völlig ungeeignet sein, besonders, wenn Schafe gemütlich über die Straße trotten und es dauert, bis der Hirte auftaucht. Er sucht Eßkastanien, Ungeduld ist ihm fremd. «Geröstete Kastanien zum Rotwein: Probieren Sie das am Abend!» Mit breitem Lächeln lädt er zum Sammeln und lässigem Genießen ein.

## MONDÄN, ROMANTISCH, KRAFTVOLL – LAS PALMAS

Und da ist auch noch die Hauptstadt, ein kleines Juwel, in dem die Touristen garantiert in der Minderheit sind. In Las Palmas locken noch ganz andere Reize als geröstete Kastanien. Wer etwa über die Playa de las Canteras bummelt, kann sich den Flug nach Rio de Janeiro (fast) sparen, denn die weltberühmte Copacabana soll nach dem Muster des Strandes von Las Palmas angelegt worden sein. Der sichelförmige Bogen des Sandstrandes, die Promenade mit den schicken Geschäften, sehr guten Restaurants und schlichten, aber vorzüglichen Fischlokalen sowie Hotels jeder Sternenzahl ziehen Menschen aus aller Herren Länder an – Frauen zum Window-Shopping, Kids auf der Suche nach dem nächsten Eisstand, fliegende Händler in afrikanischen Gewändern mit bunten Tüchern oder originellem Ethno-Schmuck. Wer sich in einem der Straßencafés niederläßt, kann die Flanierenden beobachten: Engumschlungene Pärchen, Geschäftsleute mit Schlips um den Hals und dem Jackett unterm Arm, Matrosen, die schlanken Badenixen auf dem Weg zum Strand nachpfeifen. Las Canteras, das heißt Seh- und Badespaß mit einem großen Schuß kosmopolitischem Flair.

Besonders abends wirkt die internationale Atmosphäre, wenn in den Seitenstraßen des Stadtteils Santa Catalina in den Restaurants, Bars und Diskotheken das Leben pulsiert.

Der Morgenspaziergang durch die Altstadt La Vegueta erscheint dagegen wie ein Abtauchen in die Kolonialzeit, als die Größen der Stadt ihre stolzen Edeldamen ausführten. Hier ist Las Palmas spanisch geblieben: mit der eigenwilligen Kathedrale Santa Ana, gebaut in einem Stilgemisch von Gotik bis Neoklassik, sowie mit mächtigen Palästen. Die Casa Cólon gehört mit ihrem geheimnisvollen Portalschmuck, den typisch kanarischen Holzbalkonen und den romantischen Patios zu den prachtvollsten Bauten. Die Menschen belagern das «Haus des Kolumbus», als könnte sich der Entdecker jeden Augenblick auf dem Balkon zeigen. Dabei ist nicht belegt, ob er überhaupt jemals hier übernachtet hat.

Immer wieder eindrucksvoll sind Eigenart und Atmosphäre der kanarischen Metropole mit knapp 500.000 Einwohnern. Die Stadt ist weltoffen, ohne sich dem Tourismus anzubiedern.

Von den Palmen, die der Stadt einst ihren Namen gaben, sind nicht mehr allzuviele übriggeblieben. Nur einzelne Exemplare, meist in Verbindung mit einem der innerstädtischen Parks oder Plätze, bewahren das Bild exotischer Vegetation und Heiterkeit.

Las Palmas. Im Stadtteil Triana gibt es mit der Calle Mayor eine Fußgängerzone, in der ein profaner Schaufensterbummel zur Lust wird. An der Plazoleta Cairasco ist dagegen die Kultur zuhause: Der prachtvolle, mit Ecktürmchen geschmückte Bau beherbergt den Club Gabinete Literario.

Die noblen alten Plätze und Promenaden mit Flaneuren und gemütlichen Tischrunden unter Palmen bieten Abwechslung für alle, die der Kultur, dem mondänen Leben und dem Alltag der Canarios etwas abgewinnen können. Lohnende Augenblicke gibt es im Hauptstadttreiben genug.

Pueblo Canario, das «kanarische Dorf», im Parque Doramas von Las Palmas gehört zu den touristischen Highlights der Insel:...

Auch der Golf- und Jachttourismus, also Urlaub für Besserbetuchte, hat sich in den letzten Jahren als Alternative zu herkömmlichen Sand- und Strand- sowie Bauch- und Rückenferien prächtig entwickelt. Sogar der Wal-Tourismus hat stolze Zuwachsraten zu vermelden, liegt Gran Canaria doch an einem der Hauptwege der riesigen Säugetiere. 1998 setzte sich auf den Kanarischen Inseln eine Million Urlauber in ein Beobachtungsboot.

## ZUCKERERBSEN FÜR JEDERMANN

Das letzte Beispiel mag belegen, daß Gran Canaria wirklich für fast jeden etwas zu bieten hat. Es ist die richtige Insel für jeden Geschmack und für beinahe alle Vorlieben. Auf der Insel kommen Nachtschwärmer ebenso wie Ruhesuchende, auch Blumenkinder und Hippies auf ihre Kosten – wie Herren im Nadelstreifen-Look und Damen im Chanel-Kostüm, Pensionsgäste, Landhausbesitzer. Hier landen Familien mit und ohne Familiensinn, Romantiker fliegen ein wie Winterschwalben, Windsurfer und andere Wassersportler, Wanderer und Mountainbiker, Strandläufer, Pflanzenliebhaber, Jeep-Fahrer... Alle finden etwas für sich: Quadratkilometer große Dünen, bizarre Berge, eine reichhaltige Flora und

Von der Plaza de Santa Ana in Las Palmas geht kein Gefühl südlicher Leichtigkeit aus; dafür wirkt die dunkle Basaltfassade der Kathedrale zu wuchtig. Die fünfschiffige Bischofskirche wurde zum Ende des 15. Jahrhunderts im gotischen Stil begonnen. Sie soll bis 2008 endgültig fertiggestellt werden.

Fauna, Nächte, die schnell zum Tag werden, einsame Flecken, ideologisch Gleichgepolte und Wind und Wasser und Wein und überhaupt...

## ERFOLGREICHES DUO: SONNE UND STRAND

Die schönsten Strände entlang der 236 Kilometer langen Küstenlinie sind Las Canteras, die Copacabana von Las Palmas, Playa de Maspalomas, eine schöne Portion Afrika-Atmosphäre mit Dünensand, und Playa del Inglés. Aller oft geäußerten Abfälligkeiten zum Trotz: Der lange und breite Strand der Engländer gehört in die Top 3!

Insgesamt stehen 19 Kilometer Sandstrände, verteilt auf rund 70 Buchten, zur Auswahl. Etwa die schwarzsandige Playa de Veneguera: Der Strand liegt einsam und ist doch nicht weit weg von Maspalomas. Spätestens auf dem Weg zum Strand durch das wilde Barranco de Veneguera spürt man, daß Afrika viel näher als Europa ist: Links und rechts der staubigen Piste stehen Kakteen und Dattelpalmen. Eigentlich fehlen nur noch ein paar Lehmbauten, um sich in der Straße der Kasbahs zu wähnen. Erst am Ende des Tales, wenn Bananen und Papaya-Plantagen die Szenerie bestimmen, fühlt man sich wieder Spanien und Europa näher. Nach dem Bad sollte man im übrigen einen Besuch im 250-Seelen-Dorf Veneguera nicht versäumen: Endemische Säulen-Euphorbien wachsen hoch in den Himmel. Nirgends auf der Insel findet man schönere Exemplare. Und in der Dorfgaststätte gibt's leckere *tapas variadas*.

...Ein Erlebnisensemble mit Folkloregruppen, kanarischer Musik und Volkstänzen. Wem das alles ein bißchen zuviel des Guten ist, der besucht das Café oder das ebenfalls integrierte Museo Néstor.

*Fortsetzung Seite 49*

Hinter dem Staubecken Embalse de Chira erhebt sich der Morro de la Hierba Huerto bis zu einer Höhe von 1400 Metern.

## Das kostbare Naß

### Wasser ist teuer und rar

*Landwirtschaft wie Tourismus benötigen riesige Mengen an Süßwasser. Und die Inseln unternehmen gewaltige Anstrengungen, um dies zur Verfügung zu stellen.*

1

2

Eine Studie von 1980 fand Schockierendes heraus: Der Grundwasserspiegel auf Gran Canaria falle jährlich um etwa 25 Meter, hieß es. Durch Plantagenwirtschaft, vor allem von Bananen und Tomaten, durch industriellen und handwerklichen Verbrauch sowie die stetig steigende Zahl an Touristen erreichte die Wasserknappheit ein dramatisches Tief. Die Mehrzahl der Brunnen förderte ihr Wasser aus Tiefen, die unter dem Meeresspiegel lagen. Und das, obwohl einige Jahre zuvor die erste – und damals weltweit leistungsstärkste – Meerwasserentsalzungsanlage ihren Betrieb aufgenommen hatte.

Dabei herrschte auf Gran Canaria einst kein Wassermangel. Die spanischen Eroberer berichteten von einer wasserreichen Insel mit vielen Quellen. Doch Abholzung auf der einen und Plantagenwirtschaft auf der anderen Seite ließen das natürliche Gleichgewicht bald kippen. Schon Ende des 17. Jahrhunderts baute man sogenannte Schneebrunnen. Zwei von ihnen können seit kurzem besichtigt werden. Sie wurden errichtet, um den Schnee, der im Winter fiel, bis zum nächsten, trockenen Sommer aufzubewahren: Immer wenn es auf den Gipfeln schneite, stiegen die Bewohner der nächstgelegenen Ortschaften hinauf, um den frischen Schnee zusammenzupressen und in die Brunnen zu schaffen. Im Sommer, wenn kein Tropfen Regen mehr fiel, brachte man das sorgfältig gehütete Weiß dann auf den Rücken von Eseln nach Las Palmas und bot das kostbare Naß zum Verkauf an. Immerhin: Ein Pfund Schnee kostete damals so viel wie ein Pfund Brot.

Inzwischen produzieren drei Meerwasserentsalzungsanlagen ein knappes Viertel des Trinkwasserbedarfs auf der Insel. Weitere Anlagen sind geplant. Zudem verfügt Gran Canaria über die größte Stauseekapazität aller Kanarischen Inseln. Die drei mit dem größten Fassungsvermögen liegen nahe beieinander am Barranco Arguineguín: Embalse de Soria, Embalse de Cueva de las Ninas und Embalse de Chira.

3

4

Das sind zwar gute Voraussetzungen, um für die Zukunft gewappnet zu sein – dennoch sollte jeder Urlauber die Wasserproblematik vor Augen haben. Heute verbraucht die Landwirtschaft mehr als die Hälfte des Wassers, während die Touristen »nur« knapp 20 Prozent benötigen. Das Wasser aus der Leitung sollte man übrigens allenfalls zum Zähneputzen verwenden.

1 **Die Windräder zur Wasserförderung haben im allgemeinen ausgedient, da der Grundwasserspiegel zu tief gesunken ist.**

2 **Wie auf den anderen Kanarischen Inseln auch, wurde das Wasser früher auf Gran Canaria durch steinerne Rinnen geleitet.**

3–4 **Mit Wasser wird bewußt umgegangen: Ein System von Stauseen garantiert eine beruhigende Reservekapazität, und bei den Verbrauchern wird jeder Tropfen gemessen … und in Rechnung gestellt.**

Eine Vielzahl von Stauseen trägt dazu bei, den Wasserhaushalt Gran Canarias zu stützen, angesichts der Plantagenwirtschaft und des Tourismus aber ein fast aussichtsloses Unterfangen, gäbe es nicht inzwischen leistungsfähige Meerwasserentsalzungsanlagen.

Von der Höhe der Aussichtsterrasse in Artenara – immerhin 1250 Meter über dem Atlantik – geht der Blick weit in die zentrale Bergwelt. Artenara ist das höchstgelegene Dorf der Insel und hat den freiesten Panoramablick.

Gran Canaria ist ein Dorado für viele Sportarten – ganz besonders aber für Wanderer und Mountainbiker, die angesichts der großen Höhenunterschiede schon eine gehörige Leidensfähigkeit (oder eine ausgezeichnete Kondition) haben sollten.

**Der freundliche Schein – hier in Telde – trügt: Bei Verstößen gegen Parkordnung oder Verkehrsregeln fackelt die Polizei nicht lange, und ein saftiges Bußgeld ist fällig – ohne Touristenbonus.**

Als Kontrastprogramm bietet sich der schneeweiße Sandstrand von Anfi Del Mar zwischen Arguineguín und Puerto Rico an. Er hat eine kuriose Entwicklung hinter sich: Die erste und ursprüngliche Sandschicht war dünn und braun. Also beschloß man, von den Dünen von Maspalomas etwas helleren Sand aufzuschütten. Dann kam eine Schicht aus Afrika hinzu. Und der jetzige Belag stammt aus der Karibik. Mehrere zehntausend Tonnen wurden aus Kuba herangeschippert.

Oft wird vergessen, daß auch die Spanier und die heimischen Canarios zum Strand gehen. Letztere ziehen allerdings steinige Kieselplayas vor, fernab von der Freizeitmaschinerie Costa Canaria: etwa an der Ostküste mit seinen Kieselstränden bis Playa del Tarajalillo, wo erste Ansätze der kommenden touristischen Ballungsgebiete erkennbar sind. Meist fahren die Canarios aber noch weit vor den niedlichen Hotels im maurischen Stil nördlich von San Agustin irgendwo von der Hauptstraße ab und über Stock und Stein bis zur Küste. Dann wird ein Windschutz gebaut und das Picknick ausgepackt. Ans Schwimmen denkt dann natürlich keiner mehr. Sonntags ist die Insel für die Insulaner da: geschaffen nur für die Familie, ohne Touristen, ohne Nachbarn – und beinah menschenleer.

**Autofahrten auf Gran Canaria dauern trotz der gut ausgebauten Bergstraßen oft länger als geplant. Und es ist sicher nicht ungewöhnlich, wenn man die ursprünglich angesetzte Zeit verdoppeln muß. Dann sind die mobilen Raststätten mit Früchten und Säften durchaus willkommen.**

## STOLZE CANARIOS

Den schönsten Gegensatz dazu erlebt der Urlauber bei einer *fiesta*. Fiestas zu besuchen ist eine der besten Möglichkeiten, die Canarios und ihre Traditionen kennenzulernen. Dann werden Wandschriften wie «Die Kanarischen Inseln gehören weder zu Spanien noch zu Europa» mit Inhalten gefüllt. Dann zeigen die Canarios ihre Traditionen und ihre Geisteshaltung: Freiheit und Eigenständigkeit wollen sie. Aus den Autoradios schallt unüberhörbar im turbulenten Stimmen- und Musikgewirr der Sender «Onda Guanche», die Guanchen-Welle, auf UKW 96.5, einer von 61 Radiostationen auf den Kanaren und der mit dem traditionellsten Programm.

Wenn die Canarios bei Festen unter sich sind, wird noch etwas anderes ganz deutlich: Sie sprechen ein Spanisch fast ohne Dialekt, aber sie haben eine Eigenart – sie lassen in vielen Fällen das «s» weg, wenn es auf einen Vokal folgt. Das ist schon für den Anfänger leicht hörbar und vor allem auch irritierend, da man, etwas unsicher, schnell an einen eigenen Fehler glaubt. Die Begrüßung kommt mit «bueno dia» ebenso kurz daher wie das herzlich gemeinte «Danke»: «gracia» statt «gracias». Selbst die eigene Hauptstadt leidet unter dem S-Schwund in

Neben dem Barranco de Guayadeque gibt es in und um Artenara die größte Dichte an bewohnten Höhlen, in denen es in der Regel durchaus komfortabel zugeht. Meist befindet sich vor der eigentlichen Höhlenwohnung ein Eingangsbau mit Hof und Funktionsräumen.

Kanarischer Holzbalkon am Museo de Piedras y Artesíana in Ingenio. – Nach vielen Bausünden der vergangenen Jahre hat sich heute der Wille durchgesetzt, das Typische und Originale zu erhalten, um die Eigenart der Insel nicht zu gefährden.

der Aussprache: «La Palma» bedeutet meist nicht die kanarische Schwesterinsel, sondern wirklich «Las Palmas». Der Kontext muß herhalten, wenn die Grammatik aus den Fugen gerät...

## FESTE, FREUDE, FEIERTAGE

Feste werden das ganze Jahr über gefeiert. Ob das nun im Januar die Prozession zu Ehren der heiligen Drei Könige ist, das bäuerliche Mandelblütenfest im Februar oder im März, wenn das Auto im Mittelpunkt steht: Bei der Rallye-Großveranstaltung «El Corte Inglés» wird die Autobahn zum Parkplatz.

Auch beim jährlichen Opernfestival im Teatro Pérez Galdós von Las Palmas, das von März bis Mai mit hochkarätigen Aufführungen aufwartet, erlebt man Gran Canaria pur. Karten zu den Veranstaltungen des Festival de Ópera gibt's schon ab 100 Peseten, also ab gut einer Mark. Die teuerste Karte wird allerdings mit dem Hundertfachen berechnet.

Zu Ostern und Frohnleichnam – dann mit einem ganzen Meer von Blumen – stehen wieder Prozessionen an. Dankfeiern für die Schutzheiligen, die eine ungleich stärkere Bedeutung haben als bei uns und fester Bestandteil des Glaubens sind, finden in vielen Ortschaften das ganze Jahr über statt.

**Die Höhlenkapelle La Virgen de la Cuevita im oberen Ortsbereich von Artenara besticht durch ihre schöne Schlichtheit, die auf alles Beiwerk verzichtet: Der Altar zum Beispiel besteht aus dem originalen vulkanischen Tuff.**

**Das Kirchlein der Höhlenjungfrau von außen. Besonders gern aufgesucht wird die Kapelle von Radfahrern, deren Schutzpatronin sie ist.**

Aus dem Rahmen fällt die Fiesta del Charco in San Nicolás de Tolentino im September. Dabei tummeln sich die Männer in einem schlammigen Tümpel und versuchen mit Netzen oder mit der bloßen Hand einen Steinbeißer zu fangen. Dann herrscht eine Stimmung, wie sonst nur zu Karneval.

Coole Kostüme und kokette Canarios, die sich gern als Frau verkleiden, dazu Musik und Stimmung wie am Zuckerhut von Rio: Das ist Karneval, urkanarisch, urig und ungemein unterhaltsam.

In Playa del Inglés ist jede Nacht Karneval. Und die Nächte gelten als das Heißeste, das Gran Canaria zu bieten hat, wenn in jeder Kneipe, jedem Pub und jeder Diskothek Hochbetrieb herrscht.

Wenn der Leuchtturm von El Oasis wieder König in seinem Dünenreich ist, wenn die Badestadt schläft, die Palmen rauschen und der Wind die Wanderdünen ein wenig weiter trägt und den Badestränden ein neues Wellenmuster einriffelt, beherrscht die «Szene» das Terrain – mit Techno, Tanz und Tequilla bis der nächste himmelblaue Badetag beginnt. Dann gibt wieder der magische Vierklang mit den vier lockenden «S» den Ton an: Sonne, Sand, Strand und Spaß. Dann wird Sonnencreme auf- und der knappe Bikini angelegt. Dann kommen die Prospektverteiler – und schließlich das ersehnte Ziel: *la playa.*

# Tanz auf dem Vulkan

**Es brodelt noch immer**

*Der Vulkantätigkeit am Meeresboden verdanken die Kanarischen Inseln ihre Entstehung. Was über Jahrmillionen entstand, prägt auch heute noch Erscheinungsbild und Klima.*

Die namensgebende Insel der Kanaren ist nicht die älteste im Archipel – als in der Tiefe des Meeres die Erde brodelte, Unmengen glühender Lava zu Tage förderte und so vor 14 Millionen Jahren Gran Canaria entstand, existierte Lanzarote bereits rund sieben Millionen Jahre.

Die Geburt der Inseln erscheint unvorstellbar: Getrieben von der gewaltigen Kraft explosiver Gase türmt sich aus einem Vulkanschlot soviel Magma auf, daß irgendwann einmal, nach unzähligen Schichten und Explosionen, eine Spitze aus der Wasseroberfläche tritt. Dabei muß bedacht werden, daß der Inselaufbau keineswegs kontinuierlich erfolgte – die Vulkankegel brachen auch immer wieder in sich zusammen. Aber neue Ausbrüche formten jüngere Kegel, die jeweils wiederum ein Stückchen näher von unten an den Meeresspiegel heranwuchsen. Insgesamt haben die vulkanischen Aktivitäten, so schätzen die Tektoniker, mehr als 100 Millionen Jahre gedauert.

Wie jung erscheint da der Roque Nublo mit seiner rund viereinhalb Millionen Jahre alten und heute so berühmten Felsnadel! Er entstammt der zweiten großen Eruptionsphase. Der letzte Vulkanausbruch erschütterte Gran Canaria vor etwa 3000 Jahren. Gemessen an den 100 Millionen Jahren «Bauarbeit» war das praktisch vorgestern. Im Fall der Schwesterinsel La Pal-ma ist dieser Zeitvergleich durchaus zulässig. Denn dort bebte ein Vulkan 1971 das letzte Mal. Auch für Gran Canaria gilt: Was lange ruhig blieb, kann durchaus einmal wieder lebendig werden, ausbrechen und das Land mit Asche und Lava überziehen.

Ein Platz, an dem man sich den Ursprung Gran Canarias gut vorstellen kann, ist die Caldera de Bandama im Nordosten bei Tafira Alta. Vermutlich vor drei Millionen Jahren entstanden, zeigt sich der Krater heute mit rund einem Kilometer Durchmesser und 200 Metern Tiefe. Am besten ist die Caldera vom Vulkankegel nebenan zu sehen: Der Pico Bandama ragt genau 569 Meter in die Höhe. Beim Aufstieg oder bei der Auffahrt mit dem Mietwagen stößt man auf unterschiedliche Eruptionsformen und auf Lavagestein von poröser bis harter Konsistenz. Während unten im Kessel – als frappierender Kontrast – tiefes Grün das Bild beherrscht.

1

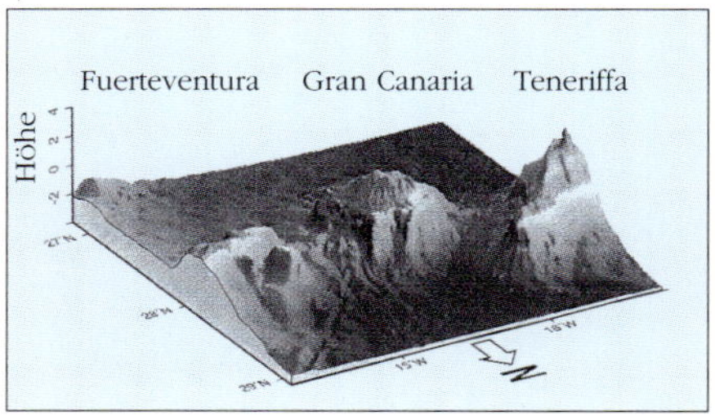


2

3

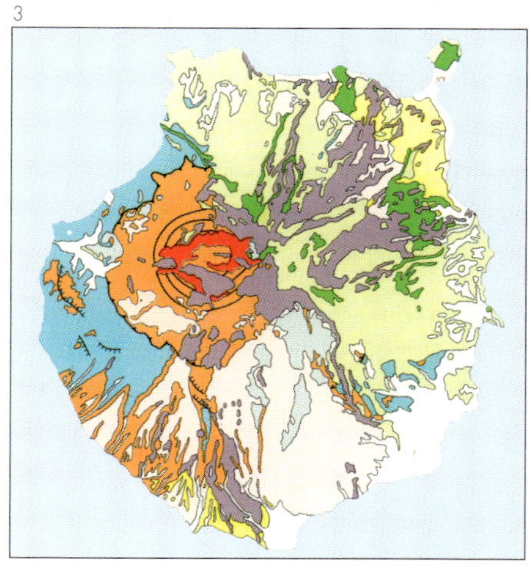

**Vor Jahrmillionen ein Feuerofen: Die Kanarischen Inseln haben eine heiße Vergangenheit.**

1 **Folge von Wind, Wasser und Zeit: Dreidimensionale Ansicht der Nachbarinseln Fuerteventura, Gran Canaria und Teneriffa vom Nordosten. Teneriffa – die jüngste Insel – ist noch fast unberührt von der Erosion, während die vulkanischen Formen von Cran Canaria und – mehr noch – von Fuerteventura schon deutlich verschliffen sind.**

2 **Die Caldera de Bandama ist das berühmteste Loch der Insel, sozusagen der «negative» Rest eines Vulkankegels.**

3 **Nach den langen Perioden vulkanischen Aufbaus und fortschreitender Erosion bietet Gran Canaria heute ein buntes Bild freigelegter Erdgeschichte.**

Bei Santa Lucia. Am Grund des Barranco de Tirajana bei Fortaleza Grande gibt es genug Feuchtigkeit für das Überleben einer Palmenoase.

Eine eigene Welt tut sich hier auf in der fast unwirklichen Nebelstimmung zwischen Roque Nublo und Roque Bentaiga.

# GRAN CANARIA: PLANEN · REISEN · GENIESSEN

## INHALT

**Für Menschen, die sich ein sensibles Auge für landschaftliche Schönheiten bewahrt haben, bietet Gran Canaria eine Fülle immer neuer, überraschender Eindrücke auf relativ engem Raum, für die man sonst weit reisen muß: üppige und karge Vegetation, herrliche Panoramen, Steil- und Sandküste, Meer und Gebirge. Wie ein kompletter kleiner Kontinent.**

## ALLGEMEINE INFORMATIONEN

Die Kanarischen Inseln erhielten ihren Namen von Gran Canaria. Obwohl mit 1560 Quadratkilometern kleiner als Teneriffa und Fuerteventura, ist und war Gran Canaria seit jeher das wichtigste und bevölkerungsreichste Eiland des Archipels. Mit 750 000 Einwohnern (darunter 20 000 Ausländer) leben hier fast 50 Prozent aller Canarios, knapp 500 000 allein in der Regionalhauptstadt Las Palmas. Die sogenannte Autonome Region Canarias, die die sieben Inseln umfaßt, hat zwar in allen insularen Fragen weitgehend Entscheidungsfreiheit vom spanischen Mutterland, muß aber diese Eigenständigkeit im Zug der europäischen Vereinigung zunehmend verteidigen. Aufgrund der geographischen Entfernung zum spanischen Festland (Madrid liegt 1750 Kilometer entfernt, die afrikanische Küste aber mit nur 200 Kilometern viel näher) hatten es die spanischen Herrscher auch in der Geschichte nie leicht, ihre politischen Forderungen auf den Kanarischen Inseln durchzusetzen.

Wie ihre Schwesterinseln entstand Gran Canaria vor etwa 16 Millionen Jahren durch gigantische Vulkanausbrüche am Meeresboden. Um 3000 v.Chr. vermuten Wissenschaftler die erste Besiedlung. 1483 wurde die Insel nach zunächst erfolglosen Versuchen von den Spaniern eingenommen, die die Ureinwohner, die wahrscheinlich aus Afrika stammenden Guanchen, verdrängten.

Höchste Erhebung auf Gran Canaria ist der 1949 Meter hohe Pico de las Nieves. Von diesem vulkanischen Gebirge streben sternförmig zahlreiche, zum Teil schroffe, manchmal fast liebliche Täler, *barrancos* genannt, der Küste entgegen. Da das Leben im Gebirge hart und das Klima oberhalb von 1200 Metern wechselhaft ist, sind nur 10 Prozent der Inselfläche besiedelt.

Offizielle Sprache auf den Kanarischen Inseln ist Spanisch. In den Ferienzentren kommt man auch ohne Fremdsprachenkenntnisse aus, da in der Gastronomie, in den Hotels und Geschäften Deutsch

und Englisch gesprochen wird. Aber es ist nicht nur abseits der Ballungsräume hilfreich und höflich, wenn man sich ein paar spanische Redewendungen aneignet. Kreditkarten und Reiseschecks werden weithin akzeptiert, an vielen Geldautomaten erhält man Bargeld, mit dem man sich eindecken sollte, wenn man auch in kleinen Geschäften und den Bergregionen einkaufen möchte.

## AUSKUNFT

In **Deutschland** stellen vier spanische Fremdenverkehrsämter Reiseinformationen zur Verfügung. In Berlin: Kurfürstendamm 180, 10707 Berlin, Tel. (030) 882 65 43, Fax (030) 882 66 61. In Düsseldorf: Grafenberger Allee 100, 40237 Düsseldorf, Tel. (02 11) 680 39 81 für telefonische Auskünfte, (02 11) 680 39 80 für kostenloses Info-Material. In Frankfurt am Main: Myliusstraße 14, 60323 Frankfurt, Tel. (069) 72 50 33, Fax (069) 72 53 13. In München: Postfach 15 19 40, 80051 München, Tel. (089) 53 01 58. In der **Schweiz** Zürich: Seefeldstraße 19, 8008 Zürich, Tel. (04 11) 252 79-30, Fax: (04 11) 252 79-41. In **Österreich** Wien: Walfischgasse 7–14, 1010 Wien/1, Tel. (04 31) 512 95 80.

Auf Gran Canaria sind vier Tourismusbüros behilflich – sofern man am Vormittag vorbeischaut oder anruft. Nur die Vertretung am Flughafen ist auch nachmittags geöffnet. Mehr noch – sie bietet ihren Service 365 Tage im Jahr jeweils rund um die Uhr an: Aeropuerto Gando, Internationales Terminal, Tel. 928-57 40 58. Die weiteren Büros befinden sich in: Las Palmas, Casa de Turismo, Parque de Santa Catalina, Tel. 928-

**So langsam es aufgrund der vielen windungsreichen Bergstraßen im Inselinnern auch vorangehen mag – um die Westhälfte führt eine Autobahn, die Nord und Süd in einer knappen Stunde miteinander verbindet: Las Palmas – Maspalomas etwa 85 Kilometer.**

## DATEN ZUR GESCHICHTE GRAN CANARIAS

**rund 16 Millionen Jahre** Urgeschichtliche Vulkanausbrüche lassen Gran Canaria entstehen.
**rund 3000 v. Chr.** Erste Besiedlungen der Insel durch nordafrikanische Stämme in mehreren Einwanderungswellen. Die Altkanarier heißen Guanchen, «Erdensöhne».
**rund 1100 v. Chr.** Mit den Phöniziern und Karthagern kommen andere Fremde auf die Insel. Die Guanchen leben aber weiter ungestört in ihrer Steinzeitkultur.
**um 150** Der Grieche Ptolemäus legt den Nullmeridian auf die westliche Grenze der damals bekannten Welt: das Westkap von El Hierro.
**1406** Ein erster Eroberungsversuch Gran Canarias scheitert. Das ruhige Leben der Guanchen ist aber vorbei.
**1478** Las Palmas wird gegründet. Damit beginnt die Vereinnahmung der Insel durch die Spanier. Es kommt immer wieder zu Kämpfen mit den Guanchen.
**1483** Die Guanchen geben den Kampf gegen die Spanier auf.
**1492** Kolumbus startet von Spanien, um den Seeweg nach Indien zu finden und passiert dabei die Kanarischen Inseln.
**ab 1500** Zuckerrohr wird die erste Monokultur. Las Palmas entwickelt sich zu einem Zentrum des Sklavenhandels.
**ab 1555** Der Weinanbau löst das Zuckerrohr als Monokultur und Haupteinnahmequelle ab.
**1850** Las Palmas wird Hauptstadt von Gran Canaria.
**1852** Die Kanaren werden zur Freihandelszone erklärt.
**ab 1880** Die Bananenzucht wird dritte Monokultur, der Hafen von Las Palmas zur wichtigen Zwischenstation für Passagen nach Amerika.
**1936** Der General und Militärgouverneur der Kanarischen Inseln, Francisco Franco, bereitet auf Teneriffa den Putsch der Faschisten vor. Der Spanische Bürgerkrieg beginnt.
**1956** Das erste Charterflugzeug, eine Propellermaschine, landet.
**1975** König Juan Carlos wird nach Francos Tod neues Staatsoberhaupt des demokratischen Spanien.
**1983** Erste Wahlen zum kanarischen Parlament der Autonomen Region.
**1991** Die Canarios stimmen der Vollmitgliedschaft in der Europäischen Gemeinschaft zu.

264623, Fax 928-229820. Playa del Inglés, Centro Insular de Turismo, Avenida Espana/Avenida Estados Unidos, Tel. 928-771550. Puerto Rico, Fomento de Turismo, Centro Comercial, Tel. 928-560029; hier wird allerdings nur Spanisch oder Englisch gesprochen.
Im Internet ist Spanien mit einer Homepage vertreten (www.tourspain.es), die auch in Deutsch abgerufen werden kann. Unter dem «Willkommen»- und «Ferienreise»-Button sind zu den Orten Hotels, Verkehrshinweise und Sporteinrichtungen aufgeführt.

## REISEZEIT

Auf der «Insel des ewigen Frühlings» herrscht immer Saison: Im Sommer ist's heiß, aber erträglich, im Winter angenehm warm. Ältere Gäste bevorzugen die Monate Dezember bis Februar, Wanderer wegen der Blütenpracht den Frühling, Baderatten frönen der Strandlust von Juni bis August, und der Herbst ist ideal, wenn man den Sommer einfach etwas verlängern und das turbulente Playa del Inglés einmal von seiner ruhigsten Seite erleben möchte.
An der Küste werden 22 bis 24 Grad Celsius im Winter, 28 bis 30 Grad im Sommer gemessen. Selbst in Winternächten fällt das Thermometer selten unter 15 Grad. Für das Bergland gilt die einfache Regel: pro hundert Höhenmeter jeweils ein Grad von der Küstentemperatur abziehen.
Ebenso angenehm warm zeigen sich die Wassertemperaturen, die im Jahresmittel zwischen 18 und 24 Grad liegen. Schwimmen ist also zu jeder Jahreszeit möglich, auch wenn man sich im Winter wegen des stetigen Windes danach gerne in seinen Bademantel kuschelt.

Die Wolken sammeln sich meist im Gebirge und im Norden, die Strände im Süden bleiben in der Regel wolkenfrei. Durch eine Wetterscheide vom Rest der Insel getrennt, darf sich vor allem die Ecke von San Agustin bis Puerto de Mogán als Liebling der Sonne wähnen. Wetterfrösche zählen an der Costa Canaria 300 bis 330 Sonnentage im Jahr.
Die meisten Niederschläge fallen im zentralen und nördlichen Teil der Insel. Aber mehr als sechs regnerische Tage pro Monat gibt es selbst dort nicht.
Für diese bemerkenswerte Konstanz sonnenwarmen Wetters ist der Nordostpassat verantwortlich, der sich über dem Karibischen Meer erwärmt und das ganze Jahr über den gleichen Weg nimmt und so die Kanaren mit dem Immer-Sommer-Klima beglückt.

**San Bartolomé de Tirajana ist Ausgangspunkt für Fahrten von der Costa Canaria ins innere Bergland. Von hier erreicht man über das Bergdorf Ayacata die Wanderregionen in der Cumbre. Oder das Höhlendorf Artenara.**

Für die Hauptwetterlage gibt es nur eine Ausnahme: Wenn im Juli und August für ein paar Tage der Scirocco heiße Luft von der Sahara herüberbläst, dann werden auch mal 40 Grad gemessen.

## ANREISE

Fast alle deutschen *Charterairlines* fliegen Gran Canaria das ganze Jahr über von 14 deutschen Flughäfen an. Der Preis richtet sich nach den Saisonzeiten. Tickets sind oft schon ab 650 Mark für den Hin- und Rückflug zu haben. Es bestehen auch Linienflüge, jedoch nur als Umsteigeverbindungen mit Iberia, die zudem deutlich mehr kosten. Die Entfernung von Frankfurt am Main nach Las Palmas beträgt 3320 Kilometer, was eine Flugzeit von rund viereinhalb Stunden bedeutet.
Die Anreise mit dem eigenen *Fahrzeug* über Frankreich und das spanische Festland bis zur Hafenstadt Cádiz sowie per

1 – 2 **Guía ist bekannt für seinen Käse – Queso de flor –, dem ein aus den Blüten einer wilden Artischockenart gewonnener Saft hinzugesetzt wird. So bleibt der «Blütenkäse» weich und schmeckt besonders aromatisch. Noch bekannter aber ist Senor Romero mit seinem Käseladen an der Straße Marqués del Muni, wo man diesen Käse kaufen und alles darüber erfahren kann.**

3 **Die Mojo Canario gibt es grün, weiß oder rot. Sie paßt hervorragend zu Kartoffeln nach kanarischer Art aber auch zu deftigem Schweinefleisch.**

4 – 5 **Ob gegrillter Fisch oder Tintenfischarme: Unverzichtbar sind Kartoffeln (papas, patate) und Aioli, eine geballte Ladung Knoblauch. – Außerordentlich köstlich!**

6 **Auch das ist typisch kanarisch: Schweinshaxe aus dem Ofen.**

1

## Kulinarischer Tagesablauf

### Ein Streifzug durch die Küche

*Gutes Essen gehört zum Urlaub genauso wie ein sauberes Hotelzimmer und ein schöner Strand. Die kanarische Küche hat etliche Köstlichkeiten zu bieten – versteckt manchmal, einmal entdeckt aber immer ein Genuß.*

Das Frühstück fällt in der Regel spärlich aus, wie in vielen südlichen Ländern. Es gibt ein Brötchen, ein süßes Stückchen und einen Kaffee dazu. Mittags greift man in der Regel schon mal zu Tapas, kleinen mundgerechten Portionen aus Fisch, Fleisch, Käse oder Gemüse.

Erst abends wird das Essen zelebriert: mit Suppe, etwa *potaje de berros* mit Kresse und Kichererbsen, und mit Eintopf, *puchero canario* mit Fleisch, Paprikawurst und Kartoffeln. Oder mit Krabben und Knoblauch in Olivenöl, *gambas al ajillo*, mit einem saftigen Steak, mit Kaninchen in Sauce, mit einem ganzen Fisch vom Grill und auf jeden Fall mit *papas con mojo*. Die kleinen Kartoffeln werden in Salzwasser so lange gekocht, bis das Wasser verdunstet ist. Zurück bleibt eine Salzkruste auf der Schale, die mitgegessen wird. Dazu werden feine Knoblauchsaucen gereicht, meist die etwas schärfere rote mit Chillischoten, aber zuweilen auch die grüne mit Koriander oder die sämig weiße mit Mayonnaise.

2

3

Auf vielen Menükarten wird diese Vorspeise auch *papas arrugadas* genannt.

Als Nationalgericht der Insel gilt *gofio*, sozusagen die Polenta der Kanaren. An der Costa Canaria wird es allerdings recht schwer, *gofio* und andere kanarische Spezialitäten zu finden. Die Restaurants haben sich auf den Urlaubergeschmack eingestellt. Es gibt neben meist fangfrischem Fisch vor allem Pizza und Pommes, Hamburger und Hühnchen, Spaghetti, Salat und manchmal auch einen Schweinebraten.

Wer weder Kartoffeln noch Einheits-Pizza mag, sollte sich einfach an Fisch und Meeresfrüchte halten. Beliebt und im Vergleich zu Deutschland verhältnismäßig preiswert ist Seezunge, *lenguado*. Aber auch Thunfisch, *atun*, und Makrelen, *caballas*, werden gern genommen. Dazu gibt es Wein, meist vom spanischen Festland, auf Gran Canaria gebrautes Bier, das es durchaus mit deutschen Produkten aufnehmen kann, oder Mineralwasser.

Und als Aperitif oder Digestif? Aus Zuckerrohr, das lange Zeit als Monokultur auf Gran Canaria angebaut wurde, wird in Arucas seit 1884 ein vorzüglicher Rum gebrannt. Eines der beliebtesten alkoholischen Getränke auf der Insel ist er noch heute. Am hochwertigsten ist der *ron guajiro*, den es sowohl als weißen als auch als braunen Rum gibt. Wer lieber Süßes mag, für den bietet sich hingegen der *ron miel canario* an, ein Rum-Honig-Likör, der nach traditionellen Rezepturen hergestellt und – anders als übliche Liköre – am besten gut gekühlt getrunken wird. Die Alternative dazu wäre typisch festland-spanisch: ein Brandy. Den wissen ausnahmsweise auch die Kanarier zu schätzen...

4

5

6

Autofähre weiter nach Las Palmas ist zwar möglich, aber nicht eben komfortabel. Zum einen ist so eine Tour durch halb Europa enorm zeitaufwendig (zwei bis drei Fahrtage plus 36 Stunden Fähre), zum anderen auch recht kostspielig: Schließlich müssen neben den normalen Kfz-Betriebskosten auch die hohen Autobahngebühren in Frankreich und Spanien, Zusatzübernachtungen und der relativ hohe Fährpreis einkalkuliert werden.

Da die Kanarischen Inseln als Teil Spaniens der Europäischen Union angehören, entfallen bei den meisten Flügen aus Deutschland, besonders bei den Charterflügen, die Paßkontrollen. Den Personalausweis muß man aber trotzdem mitführen. Auch an den Führerschein sollte man denken, wenn man ein Mietauto buchen will.

Bei der Ankunft am Flughafen Gando ist die Uhr um eine Stunde zurückzustellen: Auf Gran Canaria gilt nicht mehr die Mitteleuropäische (MEZ), sondern die Westeuropäische Zeit (WEZ). Im Sommer werden aber zeitgleich zur MEZ die Uhren um eine Stunde vorgestellt.

## MOBIL AUF DER INSEL

Ein *Mietwagen* macht das Reisen auf der Insel leicht und bequem. Ohne Wartezeiten und völlig unabhängig kann so jeder sein individuelles Programm planen. Die enorme Auswahl an Mietwagenfirmen sorgt dafür, daß die Preise sehr günstig und stabil sind. Vom Kleinwagen über Cabriolets und Jeeps bis hin zu *Motorrädern* in allen Gewichts- und Preisklassen reicht das Angebot. Auch *Mopeds* für die kleine Spritztour sind überall preisgünstig zu haben. Allerdings sollte man sich vor Antritt der Fahrt mit den Zweirädern vergewissern, daß Bremsen, Licht und Kupplung einwandfrei funktionieren. Das Tanken ist wesentlich preiswerter als in Deutschland. Maut- oder Autobahngebühren fallen nicht an. Die Insel ist nahezu kreisrund, und die Entfernungen sind recht kurz: So stehen nach einer Inselrundfahrt gerade mal gut 200 Kilometer auf dem Tachometer. Die Fahrtzeiten dauern aber stets länger als man für gewöhnlich kalkulieren würde. Besonders im Inselinneren und entlang der Westküste kann man in einer Stunde nur 40 bis 50 Kilometer zurücklegen. Inseldurchquerungen sind dementsprechend zeitaufwendig und sollten in der Tagesplanung berücksichtigt werden. Dafür entschädigen die reizvollen *barrancos*, die nur selten durch Paßstraßen untereinander verbunden sind.

Das Busnetz ist sehr gut ausgebaut. Über 300 sogenannte *guaguas* bedienen fast jede Ortschaft auf der Insel. Auch längere Fahrten wie etwa mit der Linie 1 von Puerto Mogán nach Las Palmas sind sehr preisgünstig. Ein Manko allerdings gibt's: Ab etwa 19 Uhr ist Feierabend für die Fahrer und ihre modernen Gefährte. Und wenn um halb zehn Uhr abends in Playa del Inglés das Nightlife ganz langsam erwacht, hat der «Nachtbus» mit der Nummer 30, der zwischen dem Leuchtturm von Maspalomas über Playa del Inglés nach Las Palmas verkehrt, schon seine Dienste eingestellt. Dann bleibt nur noch das Taxi, das im Vergleich zu Deutschland aber recht preiswert ist.

Der internationale Flughafen Gando, an dem pro Jahr rund sechs Millionen Passagiere ankommen, ist auch durch die *línea verde*, wie der größte Busbetreiber heißt, mit Las Palmas und Maspalomas verbunden. Man muß etwa fünf Minuten vom Flughafengebäude in Richtung Schnellstraße laufen. Gando hat flugtechnisch mit Madrid, Barcelona und sechs weiteren spanischen Städten Kontakt, darunter auch viermal wöchentlich mit Palma de Mallorca. Reger Verkehr herrscht zwischen den Kanarischen Inseln: Fuerteventura, Lanzarote, La Palma und Teneriffa werden täglich, zum Teil sogar mehrfach pro Tag, El Hierro zweimal wöchentlich, angeflogen. Die Flugzeit liegt bei maximal 45 Minuten.

Diese Schwesterinseln und Gomera können aber auch mit Schiffen erreicht werden. Das ist zwar zeitintensiver, dafür aber kostengünstiger und reizvoller. So braucht etwa die Fähre nach Fuerteventura mehr als acht Stunden.

## UNTERKÜNFTE: HÖHLEN UND HOTELS

Schon seit 1884 gibt es Hotels auf der Insel. Die Briten gründeten damals das erste: ihr «Quiney's English Hotel». Heute stehen insgesamt gut 220 000 Gästebetten zur Verfügung, weit über 90 Prozent davon ballen sich an der Costa Canaria.

Der Großteil der Besucher bucht seine Reise pauschal über Reiseveranstalter. Die riesige Auswahl reicht von der einfachen Pension über adrette Bungalow-

**Oben: In den Hafen von Puerto de las Nieves läuft die Fähre aus Santa Cruz de Tenerife ein. Die schnellen Schiffe der Fred. Olsen Express-Linie verbinden beide Inseln in etwas mehr als zwei Stunden.**

**Links: Die Alternative zum öffentlichen Busverkehr sind die relativ preisgünstigen Mietwagen, mit denen man die Insel auf eigne Faust erkunden kann. In den Touristenzentren der Costa Canaria werden ständig Sonderpreise (z.B. für drei Tage oder eine Woche) angeboten. Man sollte sich die Wagen allerdings sehr genau anschauen, ehe man damit auf Tour geht.**

Rechts: Mit öffentlichen Bussen erreicht man nahezu jeden Punkt der Insel. Das ist auch sicherer und entspannender als der Trip mit dem Mietwagen, der auf den engen kurvenreichen Straßen schnell zum Stress werden kann.

Rechts unten: Auch die internationalen Hotelketten haben ihre Ableger auf den Kanarischen Inseln – hier die weiße Pracht des Palace am Strand von Maspalomas.

anlagen und zweckmäßige Großkomplexe bis hin zum edlen Luxushotel. Ebenso unterschiedlich ist die Preisspanne: Sie reicht von 700 Mark, last minute gebucht, bis etwa 2500 Mark für eine Woche und eine Person, Flug inklusive.

Besonders im Ballungsgebiet zwischen San Agustin und Maspalomas sollte auf die genaue Beschreibung des Hotels im Katalog geachtet werden, um unliebsamen Überraschungen wie hoher Lärmbelästigung in der Nacht (Prospektsprache: «lebhafte Atmosphäre») oder weite Wege zum Meer (Meterangaben in den Katalogen vergleichen!) vorzubeugen. Für Individualurlauber findet sich ebenfalls ein sehr breites Spektrum. Allerdings sind die niedrigen Preise der Reiseveranstalter kaum (oder nur in der Nebensaison) zu schlagen! Sie kaufen en gros bei den Hoteliers ein und müssen aufgrund des harten Wettbewerbs knapp kalkulierte Preise anbieten.

Das «kanarischste» aller Hotels auf der Insel ist das «Santa Catalina» in der Calle León y Castillo von Las Palmas. Dieses renommierte Traditionshaus ist ein Grand Hotel alten Stils und wurde schon Ende des 19. Jahrhunderts gegründet. Es liegt mitten in der Stadt in einem großflächigen Park voller tropischer Pflanzen. Die Zimmer sind modern und sehr komfortabel, das Gebäude selbst besticht als ein Juwel der Kolonialarchitektur mit kunstvoll geschnitzten Holzbalkonen. Wenn der König auf Gran Canaria ist, nächtigt er hier, in «seiner», der «Juan-Carlos-Suite».

Den Ruf, *das* Promi-Hotel der Insel zu sein, genießt aber das «Reina Isabel». Ein Kaffee auf der mondänen Terrasse des leider schmucklosen Neubaus gehört zu jedem Las-Palmas-Besuch.

In Sachen Luxus gilt dagegen das zur deutschen «Steigenberger»-Kette gehörende «La Canaria» als *número uno*. Von der Küstenstraße betrachtet, die von Arguineguín Richtung Puerto de Mogán verläuft, gibt sich das «Steigenberger» am Ortsende von Patalavaca nüchtern, fast unscheinbar. Hinter der Fassade ist aber alles perfekt bis ins Detail. Nur die Poollandschaft und der Spazierweg nach Arguineguín trennen Hotel und Meer. Jedes Zimmer hat neben der feinen Ausstattung einen hübsch bepflanzten Balkon und freien Blick zum Atlantik.

Gran Canaria verfügt aber auch über das traditionelle «Parador National» in Cruz de Tejeda. Es gehört zu den über ganz Spanien verteilten und wegen ihres herrschaftlichen Gutshofstils bekannten «Paradores»: rustikal, aber dennoch mit hohem Komfort im kanarischen Stil eingerichtet und herrlich mitten in den Bergen gelegen.

Als Vorzeigeobjekt in Sachen Tourismusentwicklung wird Puerto de Mogán eingestuft. Hier wurde auf betonlastige Anlagen, die gigantischen Wabennestern gleichen, verzichtet, stattdessen sind flache Apartementhäuser für die Gäste entstanden – das alte Dorf und der neue Ortsteil leben so beschaulich und verträglich miteinander.

Als weitere Alternative zu massentouristischen Unterkünften bieten sich Fincas und Höhlenwohnungen im Landesinneren an. So wurden gerade in den letzten Jahren einige Landhäuser und die erst auf den zweiten Blick attraktiven Wohnhöhlen für Touristen hergerichtet. Sie

## KLEINER FOTOTIP

Wie ärgerlich – wieder hat man das falsche Licht zum Fotografieren erwischt. Früh aufgestanden, aber dennoch liegt das Objekt im Schatten. Sicherlich bekommt man nie jedes Motiv im passenden warmen Sonnenschein. Aber auf Gran Canaria gibt es eine Grundregel, die für viele Motive das rechte Licht verspricht: Jeden Ausflug sollte man im Osten beginnen und Richtung Westen beenden. So genießt man die Landschaften meistens im rechten Licht. Und das Fotografenherz ist dann auch nicht verärgert, wenn das eine oder andere hübsche Kirchlein trotz der Regel im Schatten steht ...

Der Roque Bentaiga ist mit 1412 Metern nicht der höchste Berg der Insel, gehört mit seiner eigenwilligen Form aber zu den bekanntesten Ausflugszielen.

sind schlicht im ländlichen Stil ausgestattet, ohne daß man auf Komfort in Küche, Bad, Wohn- und Schlafzimmern verzichten muß. Zudem stehen drei Campingplätze auf Gran Canaria das

Das Santa Catalina im gleichnamigen Stadtteil von Las Palmas am Parque Doramas ist das stilvollste, aber auch teuerste Hotel der Stadt. Sollte die Brieftasche trotzdem noch etwas hergeben, kann man im angeschlossenen Kasino sein Glück versuchen.

ganze Jahr über offen. Wildes Campen ist verboten, es sei denn, man holt vor dem Aufschlagen des Zeltes die Genehmigung beim Besitzer ein.

## WAS DAS SPORTLERHERZ BEGEHRT

Bei weit über 200 Kilometern Küste und permanent gutem Wetter liegt es natürlich auf der Hand: Wassersport steht im Zentrum des Urlauberinteresses. Ob es nun *Schwimmen* und *Schnorcheln* oder *Surfen* und *Segeln* ist. *Tauchen, Wellenreiten, Wasserskifahren* und *Hochseeangeln* sind weitere Möglichkeiten, das kühle Naß zu sportiven Zwecken zu nutzen. Aus Puerto Rico mit seinen exzellenten Bedingungen für Segler kamen schon Gewinner von Olympischen Goldmedaillen. Auch die jährliche Transatlantik Rallye für *Segelboote* hat ihren Start auf Gran Canaria und führt über 4320 Kilometer auf dem Atlantischen Ozean zur Karibik-Insel St. Lucia. An dem Großereignis im November nehmen um die 150 Jachten aus etwa 20 Ländern teil. Zwölf bis 21 Tage benötigen die Teilnehmer für ihre Überquerung ab Las Palmas.

Aber natürlich kann der Feriengast auch ganz einfach ein Motor- oder Segelboot mieten – von der schlichten Jolle bis zur feinen Jacht. Und Mitsegeln ist ebenso möglich wie die Teilnahme an einem Kurs für Anfänger, der binnen zehn Tagen zum A-Schein führt.

Als die zweite ganz noble Hoteladresse in Las Palmas gilt das Reina Isabel am Strand von Las Canteras. Mit luxuriösen Zimmern, einem Pool auf dem Dach und einem Wintergarten mit verzaubernder Atmosphäre.

*Windsurfer* kennen die Vorzüge von Gran Canaria schon seit langem, denn Windstille gibt's praktisch nie zu vermelden: Der Nordostpassat ist nicht nur für das konstante Wetter, sondern auch für den Antrieb der schnellen Bretter verantwortlich – mit Windstärken von drei bis neun werden Fortgeschrittene wie Anfänger gehörig durchgeblasen. Schon mehrfach fanden an der Süd- und an der Ostküste internationale Meisterschaften statt. Der Champion, der Niederländer Björn Dunkerbeck, lebt und surft schon seit 20 Jahren auf Gran Canaria. In Playa del Aguila, östlich von San Agustin, betreibt der Weltmeister eine Surfschule. An Kursangeboten und Verleihstationen mangelt es aber auch an anderen Plätzen der Costa Canaria nicht.

Natürlich stehen auch zu Lande viele Sportarten zur Auswahl: Man kann *Go-Kart* fahren oder *Golf* spielen, wobei einer der beiden Plätze direkt hinter der Dünenlandschaft von Maspalomas herrliche Greens und Fairways bietet.

Man radelt oder reitet, letzteres sogar in der Nacht bei sogenannten *Mondschein-Ritt*en. Und es geht nicht nur hoch zu Roß, sondern auch auf Dromedaren und Eseln voran. Wer schließlich den Kitzel sucht, wird ebenfalls fündig: Etwa beim *Fallschirmspringen* mit einem erfahrenem Lehrer huckepack über Playa del Inglés.

*Tennis*plätze und entsprechender Unterricht sind in den meisten Hotels die Norm. Wer sich dem weißen Sport gänzlich verschrieben hat, wählt vielleicht sogar das «Tennishotel Helga Masthoff». Die ehemalige deutsche Tennismeisterin hat ihr Vier-Sterne-Haus in den Barranco del Palmito nördlich von Maspalomas gebaut, und dort finden immer wieder internationale Turniere statt.

Hotelgäste spielen in ihren Anlagen fast immer kostenfrei. Die Preise für Trainingseinheiten und Platzmiete entsprechen ansonsten denen in Deutschland.

Das gilt auch für *Squash*. Denn wer selbst bei kanarischem Sonnenschein auf ein Match in «wetterfester» Halle nicht verzichten will, findet zahlreiche Courts für seinen Sport.

Gran Canaria würde nicht zu Spanien gehören, wenn nicht auch hier *Radsport* von größter Bedeutung wäre. Ob auf der Autobahn zwischen Las Palmas und Maspalomas oder in kurvigen und steilen Bergstraßen: Rennradfahrer in ihren knallbunten Trikots trainieren unermüdlich auf der Insel, und das an arbeitsfreien Wochenenden ebenso wie auch an den Werktagen.

Touristen wählen hingegen lieber die robusten *Mountainbikes*, um Touren im Gebirge zu unternehmen.

## FKK UND «OBEN OHNE»

«ESSEN WIE BEI MUTTERN» steht in Großbuchstaben an der Tür des Strandlokals an der Playa de Maspalomas – und klein darunter: «Sie sind uns in jedem Aufzug willkommen». Gesagt, getan: barbusig werden heiße Hamburger bestellt und das kühle Bier geschlürft. Zu stören scheint es niemanden, nicht die anderen Gäste, nicht die Bedienung, die Passanten sowieso nicht.

Die Strände von Maspalomas und Playa del Inglés sind in ihrer Freizügigkeit eine Ausnahme: Hier darf ganz ohne Textilien in der ausgewiesenen *zona naturista* – und sonst überall ohne Bikinioberteil gebadet werden. Letzteres gilt auch für einige versteckte Fleckchen wie Veneguera oder den Strand Güí-Güí und die vielen Hotelpools. Aber sonst heißt es: Badehose, Bikini oder Badeanzug müssen sein.

1 **Das Baden an den flachen Sandstränden der Costa Canaria wird von Rettungsschwimmern überwacht.**

2 **Motorradfahren auf dem Atlantik? Kein Problem, hier ist man auf dem neuesten Stand der Technik.**

3 **Arbeitsaufwendiges, originales und originelles Kunsthandwerk eignet sich als Mitbringsel sicher eher, als Massenware aus Fernost.**

Die Radbegeisterung wird nur noch vom *Fußball* übertroffen. Vom Taxifahrer bis zum Mann hinterm Tresen, vom Hotelportier bis zum Polizisten: Alle Canarios leiden, weil die Lokalmadatoren aus Las Palmas aus der ersten spanischen Liga abgestiegen sind. Der Fußballbegeisterung tut's allerdings keinen Abbruch. Fast jedes Dorf hat eine eigene Mannschaft, und alle Jahre wieder sorgen europäische Spitzenclubs bei ihren Wintertrainingslagern auf Gran Canaria für internationale Atmosphäre. Das Wetter macht's möglich, mit etwas Glück auch mal Real Madrid oder Bayern München, AC Mailand oder United Manchester live in Maspalomas zu sehen.

Altkanarische Sportarten, wie der *lucha canaria*, werden in ländlichen Gegenden ausgeübt, Spitzenkämpfe sogar im Fernsehen übertragen: Der kanarische Ringkampf, bei dem der Gegner zweimal zu Fall gebracht werden muß, geht auf eine Tradition der Guanchen zurück. Gleiches gilt für den *lucha del garrote*, den Stockkampf, bei dem Treffer oder das Aus-dem-Gleichgewicht-Bringen des Gegners entscheidend sind.

## SOUVENIRS

Preiswerte Mitbringsel wie T-Shirts und Tassen mit Gran-Canaria-Aufdruck gibt es natürlich an jeder Ecke. Wer aber seinen Lieben daheim oder sich selbst etwas Typisches schenken möchte, sollte einen Laden der «Fedac» in Las Palmas oder Playa del Inglés besuchen. Diese Stiftung fördert die Wiederbelebung und Entwicklung des heimischen Kunsthandwerks. Hier wird dem Kunden allerlei erklärt und auf faire Preise wert gelegt, denn die «Fedac» ist keine gewinnorientierte Institution. Das Geld kommt denen zugute, die sonst wenig Chancen gegen die industrielle Massenware hätten: also den Handwerkern, die nach traditionellen Verfahren *artesanías* herstellen. Das können zum Beispiel Keramiken aus Atalaya, Korbwaren und Flechtstücke aus Ingenio, Webarbeiten aus Telde oder Musikinstrumente «made in Gran Canaria» statt «made in Taiwan» sein. Eine Besonderheit sind sicherlich auch die aus Horn, Silber und Keramik gearbeiteten Bananenmesser: Diese sogenannten *cuchillos canarios* werden vor allem in Guía hergestellt.

Weniger in ästhetischer, dafür aber in gesundheitlicher Hinsicht lohnt der Besuch einer Apotheke oder Drogerie, um das eine oder andere Aloe-Produkt kanarischer Herstellung zu erstehen. Die Aloe sieht aus wie ein Kaktus, gehört jedoch zu den Liliengewächsen. Ihr Wirkstoff gilt als entzündungshemmend und regenerierend. Bereits seit der Antike wird die Aloe-Pflanze wegen ihrer Heilkraft verwendet: Alexander der Große ließ die Verwundungen seiner Soldaten damit behandeln; und Mahatma Gandhi soll jeden Tag Aloe-Saft getrunken haben. «Aloe vera productos de las Islas Canarias» gibt es als Haarshampoo oder als Sonnenmilch mit vorbeugender, aber auch heilender Wirkung gegen den Sonnenbrand. Für Teenies gibt es Aloe-Präparate, die lästige Aknepickel bekämpfen.

Auf jeden Fall zu empfehlen ist auch der Weg in einen Lebensmittelladen. Dort gibt es die leckeren *mojos*, rote, grüne und weiße Knoblauchsaucen, die hauptsächlich zu den kanarischen Kartoffeln gereicht werden. Mit den exzellenten, in Fläschchen abgefüllten Saucen lassen sich *papas arrugadas* leicht daheim nachkochen. Außerdem noch gut und günstig: *miel de palma*, Dattelpalmenhonig und spanischer Brandy.

## SEHENSWERTE ORTE VON A BIS Z

**AGAETE** ① (6000 Einwohner) ist eines der schönen «weißen Dörfer» mit einigen prachtvollen alten, teilweise überdachten Holzbalkonen an den Fassaden. Ein kurzer Stop lohnt auf alle Fälle für einen Bummel von der Plaza mit der mächtigen, dunkelbraunen «Iglesia de la Concepción» durch die engen Gäßchen. Bekannter als die Ortschaft ist jedoch das Tal dahinter, das Valle de Agaete. Auf winzigen Terrassenfeldern haben die Bauern dem Barranco de Agaete nutzbaren Boden abgetrotzt. Hier gedeiht fast alles, was schön und schmackhaft ist: Bougainvillea und Bananen, Palmen und Papayas, Obst und Gemüse von Avocados bis Zitronen... Für viele ist es das schönste Tal Gran Canarias, das häufig mit dem berühmten Valle Gran Rey auf Gomera verglichen wird .

**ARGUINEGUÍN** ② (4000 Einwohner). In diesem eher unscheinbaren Fischerort ist der «Fang des Tages» tatsächlich frisch und garantiert vom gleichen Morgen. Das «Stille Wasser und die linde Brise» – so die Übersetzung aus der Guanchen-Sprache für (gesprochen) «Arginegin» – bietet sich für einen abendlichen Abstecher zum günstigen Dinner mit *pescado* und *vino blanco* an: Von Maspalomas sind es auf der Autobahn nicht mal 20 Minuten Fahrtzeit.

**ARTENARA** ③ (1000 Einwohner). Das Höhlendorf liegt auf 1270 Meter und ist damit die höchstgelegene Ortschaft der Insel. Manche Einwohner leben noch heute in Wohnungen, die in Fels gehauen wurden, aber schon größtenteils mit dem Komfort unserer Zeit ausgestattet sind. In einigen Fällen sind die Höhlenwohnungen nicht auf den ersten Blick erkennbar, da die Fassaden wie die normaler Wohnhäuser aussehen. Es gibt sogar eine Höhlenkapelle namens Virgen de la Cuevita und ein Höhlenrestaurant. Dort läßt sich die natürliche «Klimaanlage» Höhle testen: Im Winter bleibt's warm, im Sommer ist's kühl.

**ARUCAS** ④ (30 000 Einwohner). Die drittgrößte Stadt auf Gran Canaria besitzt eine imposante Kathedrale: La Iglesia de San Juan Bautista wurde erst in diesem Jahrhundert erbaut – und besteht vollständig aus Lavagestein. Bekannt ist die Stadt aber auch für ihr zweites, über die Hausdächer hinausragendes Bauwerk: die Rum-Fabrik.

**BARRANCO DE GUAYADEQUE** ⑤ war zu Zeiten der Guanchen das bevölkerungsreichste Gebiet der Insel und deshalb mit zahlreichen Höhlenwohnungen durchlöchert. Sie sind zum Teil noch heute bewohnt und passen sich unauffällig dem Gelände an. Auch hier wartet ein Höhlenrestaurant auf Besucher. Eine Stichstraße führt ab Agüimes/Iagenio in westlicher Richtung in die Schlucht mit ihren hohen Bergwänden.

**CALDERA DE BANDAMA** ⑥, Vulkankrater: siehe Tafira.

**CENOBIO DE VALERÓN** ⑦ heißt ein zwischen Guía und Moya gelegenes Höhlensystem, das wahrscheinlich die beeindruckendste Hinterlassenschaft der Urkanaren ist. Um die 300 Höhlen schürften die Guanchen in den weichen Tuffstein. Die Wissenschaftler sind sich nicht sicher, welche Bedeutung Cenobio de Valerón hatte: Einige meinen, die Höhlen waren eine Art Kloster für Jungfrauen, andere vermuten, sie könnten auch lediglich Getreidespeicher gewesen sein. Es gibt zwar feste Öffnungszeiten, doch die werden nicht immer eingehalten. Die Fahrt zum Cenobio de Valerón lohnt aber auf alle Fälle, denn von hier oben hat man einen atemberaubenden Blick in steil abfallende Täler bis hinunter zur Nordküste: ein echtes Muß, sogar für Kulturbanausen!

1

2

3

1 **Das Valle Agaete ist einer der fruchtbarsten Orte auf Gran Canaria. Im feucht-milden Klima gedeihen selbst tropische Früchte problemlos.**

2 **Das Fliesenbild zeigt eine bukolische Hirtenszene aus der vortouristischen Zeit, als Landwirtschaft noch nicht Monokultur hieß und die traditionellen Strukturen intakt waren.**

3 **Arucas, drittgrößte Stadt auf Gran Canaria und Zentrum des Bananenanbaus. Die neugotische Iglesia de San Juan Bautista spiegelt den Reichtum der «Bananenzeit» auf Gran Canaria. Inzwischen allerdings sind die großen Plantagen um Arucas nicht mehr so profitabel.**

4 **Kamel-Safaris sind meist geführte Rundgänge, bei denen die «Reiter» in Sitzen rechts und links des Kamels transportiert werden – hier unterhalb von Fataga.**

5 **Die Höhlenkirche im Barranco de Guayadeque, dem Tal der Höhlenwohnungen westlich von Ingenio, wurde ganz in das vulkanische Gestein eingetieft.**

6 **Cenobio de Valerón im Norden der Insel bei Guía ist ein weitverzweigtes Höhlensystem der Altkanarier, das sowohl ein Getreidespeicher als auch eine Art Kloster – vielleicht auch beides – gewesen sein könnte.**

4

**CRUZ DE TEJEDA** ⑧, Paßhöhe: siehe Tejeda.

**DEDO DE DIOS** ⑨, der «Finger Gottes»: siehe Puerto de las Nieves.

**EL MUNDO ABORIGEN** ⑩, Freilichtmuseum: siehe Fataga.

**FATAGA** ⑪ (500 Einwohner). Das Dörfchen mit Oasencharakter ist für viele Ausgangspunkt von Safaris auf dem Rücken von Dromedaren in die karge, halbwüstenhafte Umgebung. Als Hauptattraktion gilt aber das drei Kilometer südlich gelegene Freilichtmuseum *El Mundo Aborigen*, in dem es gelungen ist, das Leben der Guanchen in anschaulicher Weise nachzustellen. Dazu errichtete man ein ganzes Dorf, in dem über hundert Figuren Tätigkeiten des Alltags nachgehen, vom «Arzt» über den «Bauern» bis zum «Henker». Auch kultische Rituale wurden inszeniert. El Mundo Aborigen gehört in jedem Fall zum Pflichtprogramm auf Gran Canaria (siehe Seite 37). Neben den Darstellungen der von den Spaniern besiegten Ureinwohner hat man zudem von fast allen Stellen des Museumsdorfs einen herrlichen Blick auf die Südküste.

**FORTALEZA GRANDE** ⑫, Felsformation: siehe Santa Lucia.

**GUÍA** ⑬ = offiziell Santa Maria de Guía (13 000 Einwohner). Das kopfsteingepflasterte Städtchen im Norden ist bekannt für seine *cuchillos canarios*, die schönen und praktischen kanarischen Messer, ohne die früher kein Canario außer Haus ging. Nicht minder berühmt ist Guía für seinen *queso de flor*, den Blumenkäse, der aus Schafsmilch und dem Saft der wilden Artischocke hergestellt wird. Der gesamte Kern der verwinkelten Altstadt steht unter Denkmalschutz. Ein Spaziergang lohnt sich also, vor allem zur Iglesia de la Asunción mit Arbeiten vom berühmtesten Sohn der Stadt, José Luján Pérez (1756–1815). Er ist gleichzeitig der bekannteste Bildhauer der Insel, der auch den Westflügel der Kathedrale von Las Palmas entwarf. Die bemalte Höhle Cueva pintada, eine Kultstätte der Guanchen in der Nähe der Ortschaft, ist leider für Besucher gesperrt. Guía heißt übrigens übersetzt Fremdenführer – und deshalb trägt auch das Veranstaltungsmagazin von Las Palmas den Namen «La Guía».

6

**GÜÍ-GÜÍ** ⑭ sind die vielleicht schönsten, mit Sicherheit die abgelegensten beiden Strände der Insel, die «Wi-Wi» ausgesprochen werden. Der Lage an der schroffen Steilküste des Westens ist es zu verdanken, daß die wenigen Besucher auch wirklich unter sich bleiben. Sowohl Güí-Güí Grande als auch Güí-Güí Chico können nur per Boot übers Meer oder nach mindestens zweistündiger Wanderung ab Tasartico erreicht werden. Der Barranco de Tasartico zweigt von der Straße 810 zwischen Mogán und Aldea de San Nicolás ab.

**JARDIN CANARIO VIERA Y CLAVIJO** ⑮, Botanischer Garten: siehe Tafira.

**LAS PALMAS** ⑯ (500 000 Einwohner). Die Inselhauptstadt wurde 1478 gegründet und hat drei touristisch bedeutende Viertel, die *barrios* genannt werden.
Da ist zunächst Vegueta, die Altstadt, mit ihren großzügigen historischen Bauten und ihren schmalen verwinkelten Gas-

5

## MYTHEN UND LEGENDEN

### Wahre und unwahre Geschichten

*Daß die Kanarischen Inseln das sagenumwobene untergegangene Atlantis sein sollen, ist nur eine der zahlreiche Legenden. Drei Mythen jedoch werden allerorten mit der Inbrunst der Wahrhaftigkeit erzählt.*

Erstens: Der Dünensand von Maspalomas wurde nicht vom Wind aus Afrika herübergeweht. Zweitens: Der

**Oben: Die Casa de Colón in der Altstadt von Las Palmas lebte Jahrzehnte von der Legende, daß Kolumbus hier gewohnt habe. – Rechts: Afrika ist zwar nah, aber der Sand der Dünen von Maspalomas ist sozusagen «hausgemacht»; er stammt aus dem Meer und nicht aus der Sahara.**

Entdecker Kolumbus war wohl nie auf Gran Canaria und kann deshalb auch nie im nach ihm benannten Casa de Colón von Las Palmas gewesen sein. Drittens: Es ist lediglich eine These, daß die Kanarischen Inseln nach Hunden (lateinisch: canis) benannt sind.
Populäres wird nun mal gern erzählt, weniger Populäres dagegen lieber verschwiegen. Hinzu kommt, daß die Canarios eine blühende Phantasie haben: Sie lieben das Erzählen von Geschichten und Legenden, und sie sind stolz auf Mythen, über die gesprochen wird. Auch wenn manche Fakten nicht so stimmen können, wie gern behauptet wird – sei es nun auf der Straße oder in einigen offiziellen, vom Fremdenverkehrsamt herausgegebenen Broschüren.
So ist beweisbar, daß der Sand der Dünen von Maspalomas gar nicht aus der Sahara herübergeweht sein kann. Die Körnchen sind einfach zu schwer für die mindestens 197 Kilometer lange Reise. Selbst an den sogenannten afrikanischen Tagen, wenn der Scirocco Hitze und Staub aus Afrika mitbringt und die Temperatur auf über 40 Grad klettert, wird kein Sand transportiert, sondern allenfalls Partikelchen. Sie sind zwar verantwortlich für die Dunstglocke, die sich einige Tage lang über die Insel legt, aber nicht für die Entstehung des riesigen Sandkastens mit den Ausmaßen von fünf Quadratkilometern und Höhen von fast 60 Metern. Wahr ist, daß der Dünensand schlicht aus dem Meer stammt: von Schalentieren, die im Lauf der Zeit von Wasser und Wind zerrieben wurden.
Auch die Legende um Kolumbus, seinen vermeintlichen Besuch auf Gran Canaria und «seine» Casa de Colón ist unwahr. Das Haus des Kolumbus in Las Palmas war nie die Villa des Entdeckers, in der er wohnte oder seinen Geschäften nachging. Sie wurde zur Zeit von Kolumbus' Reisen als schmucke Residenz des Statthalters gebaut. Kolumbus selbst hat sie aber nie betreten, auch wenn es sein kann, daß er 1493, 1498 und 1502 möglicherweise jeweils einmal kurz Gran Canaria besuchte. Neuere Forschungen ergaben aber, daß Christoph Kolumbus auf seinem Weg nach Indien, der ja bekanntlich in Amerika endete, auf La Gomera, nicht aber auf Gran Canaria Halt machte.
Und dann ist da noch die Sache mit den Hunden. Die Bronze-Hunde auf dem Domplatz Santa Ana von Las Palmas dienen gern als populäres Indiz für die Namensgebung: Wurde den Wappentieren der Stadt dort doch die Reverenz in Form von Skulpturen erwiesen. Aber die These, die Insel

Gran Canaria habe ihren Namen nach einer bemerkenswert hochwüchsigen Hunderasse bekommen, wird damit nicht belegt. Diese Annahme gelangte über den römischen Forscher Plinius ins Schrifttum. Zwar nannte er den Archipel «Inseln der Seligen», hob jedoch Gran Canaria als «Große Hundeinsel», abgeleitet vom Lateinischen, in dem *canis* «Hund» bedeutet, hervor. Archäologen blieben den Beweis in Form von Skeletten in Übergröße aber schuldig. Um die Anerkennung der kanarischen Dogge «Verdino» bemüht sich nun um so eifriger der heimische Hundeverband.
Sicher dürfte letztlich wohl nur sein, daß der Archipel seinen Namen der Hauptinsel Gran Canaria verdankt.

1

sen, in denen sich auch viele Galerien und Museen befinden: darunter das Museo Canario, das sich der Kultur der Urkanarier widmet, und die Casa de Colón, in dem das Kolumbusmuseum untergebracht ist. Es dokumentiert die Entdeckung Amerikas. Der Palast aus dem 15. Jahrhundert, der als Residenz für den Inselstatthalter diente, gilt bis heute als eines der schönsten Gebäude im kanarischen Stil. Kolumbus selbst wohnte allerdings nie in dem Haus (siehe auch den Kasten «Mythen und Legenden» auf dieser Seite). Das Hauptaugenmerk richtet sich in Vegueta stets zuerst auf die Catedral de Santa Ana. Mit dem Bau der Kathedrale wurde 1497 begonnen, 1570 war sie erst als «Halbkirche» fertig, 1781 beendete man einen weiteren Bauabschnitt. Drei Jahrhunderte später, bis 2008, soll sie nun vollendet werden. Für die Nordseite wurden zwar keinerlei überlieferte Pläne gefunden, doch Architekt Salvador Fábregas Gil will sie behutsam weiterbauen – nach dem vorgegebenen Stil mit gotischen und neoklassischen Elementen. 20 Millionen Mark stehen für das Vorhaben zur Verfügung. Dann wird wohl die fotogene Westseite echte Konkurrenz erhalten. An diese Vorderfront schließt die

1 **Blick vom Pico de Bandama Richtung Norden. Im Hintergrund die langgestreckte Halbinsel von Las Palmas.**

2 **Der moderne Turm beherbergt das Hotel Los Bardinos im Stadtteil Santa Catalina in Las Palmas. Auf der Dachterrasse ist ein Pool, die Zimmer sind gut ausgestattet, und der Strand ist nah.**

3 **Altstadt in Las Palmas. Im Hintergrund die Fassade der Catedral de Santa Ana.**

4 **Dominospieler im Park von Las Palmas.**

## DOMINOSPIELER IM PARK VON LAS PALMAS

Im Parque Santa Catalina von Las Palmas treffen sie sich jeden Abend, wenn die Sonne langsam hinterm Horizont am Playa de las Canteras verschwindet. Die Luft ist lau, die Stimmung locker, die Männer sind unter sich: Die Dominospieler, die unter Palmen in der kleinen Oase der hektischen Stadt ihrem Vergnügen nachgehen, sind ein echtes Stück Gran Canaria. Um jeden Tisch sitzen die Spieler und ringsherum stehen die Mitspieler und Zuschauer, die lautstark den Spielstand und die Taktik diskutieren. Etwas abseits vom Trubel haben sich in letzter Zeit auch Schachspieler und Kartenrunden angesiedelt. Vielleicht für den einen oder anderen einmal die Möglichkeit, ein Spielchen mitzumachen.

Plaza Santa Ana an. Repräsentative Bauten wie das Rathaus und die berühmten bronzenen Hunde, die Wappentiere der Stadt, säumen den Platz, auf dem sich Alt und Jung sowie Einheimische und Touristen treffen.
Direkt an das Vegueta-Viertel grenzt Triana an, das Einkaufsviertel mit Fußgängerzone, edlen Boutiquen und Geschäften. Nach dem (Window-)Shopping darf eine Rast im Parque de San Telmo

3

nicht fehlen, am besten beim Schmuckstück des palmenbestandenen Platzes: In einem verschnörkelten, in Pastellfarben gehaltenen Jugendstilpavillon kann man sich einen Kaffee, Eiscreme oder ein Bier genehmigen (siehe Seite 40).
Santa Catalina mit seinem drei Kilometer langen Playa de las Canteras ist das Hafen- und damit auch das Vergnügungsviertel der Hauptstadt. Rotlichtambiente und düstere Kaschemmen dürfen allerdings nicht erwartet werden: Santa Catalina bietet einen sauberen Strand und zahllose Geschäfte mit indischen, koreanischen und kreolischen Besitzern, die Saris, Elektrogeräte oder Rasta-Utensilien feilbieten. Dazu kommen Cafés und Restaurants, Pubs und Diskos. Bis spät in die Nacht spielt sich das Leben draußen ab, am Strand, auf dem Boulevard Paseo de las Canteras und im Parque Santa Catalina, wo die Männer Domino und Schach spielen. Die Plaza ist fest in der Hand der Canarios. Touristen sind zwar gern gesehen, spielen hier aber eigentlich keine Rolle, außer

2

im weißen Casa de Tourismo, dem Informationsbüro am wasserseitigen Rand des Platzes.
Das deutsche Konsulat hat seinen Sitz in Las Palmas: Calle Franchy Roca 5, Tel. 928-27 57 00.

**LOS AZULEJOS** ⑰, Felswände: siehe Mogán.

**MASPALOMAS** ⑱ (5000 Einwohner). Zusammen mit dem Playa del Inglés schwillt Maspalomas in der Saison bei-

4

nahe zur Größe von Las Palmas an. An die 200 000 Besucher tummeln sich das ganze Jahr über in dieser riesigen Urlaubsmetropole. Abends ist es hier wesentlich ruhiger als in der Schwesterstadt. Einziges, aber wirklich faszinierendes Highlight sind die Dünen, mit fünf Quadratkilometern Ausmaß einer der größten Sandkästen Europas. Der weithin sichtbare Leuchtturm hat eine Höhe von fast 60 Metern und verrichtet schon seit über hundert Jahren seine Dienste.

Sein Licht ist bei gutem Wetter in der Nacht fast 50 Kilometer weit sichtbar. Für Badefreudige gilt am Strand von Maspalomas: Vorsicht vor den enorm starken Strömungen und dem Untersog, die jedes Jahr mehreren Menschen, darunter auch guten Schwimmern, das Leben kosten. In der Umgebung lockt – zehn Kilometer nördlich – der Parque Ornitológico Palmitos Tausende von Urlaubern an. Über den 200 000 Quadratmetern zwitschern 230 verschiedene Vogelarten um die Wette.

1

2

**MIRADOR DEL BALCÓN** ⑲. Gut fünf Kilometer nördlich von Puerto de Aldea liegt dieser gern besuchte Aussichtspunkt. Mit Blick auf die schroffe, 400 Meter tief abfallende Westküste ist er zweifellos einer der schönsten Plätze der Insel: Nirgends zeigt sich die Küste bizarrer, wilder und gewaltiger.

**MOGÁN** ⑳ (1000 Einwohner). Das Dorf liegt malerisch in den Bergen, wird von einigen Künstlern bewohnt und von Fotografen besucht, die seine kleine *plaza* als passende Kulisse für Modeaufnahmen wählen. In der Umgebung ist eine Windmühle besonders sehenswert: Sie liegt, kommt man auf der Straße 810 von Puerto de Mogán, wenige Kilometer vor dem Ort. Nach Mogán schlängelt sich die Straße an vielfarbigen Felswänden vorbei. Sie sind in einigen Karten als Los Azulejos gekennzeichnet und schimmern durch verschiedene Mineralien rotbraun, gelb und vor allem grün.

**MONTANA DE LAS CUARTO PUERTAS**, Guanchen-Stätte ㉑: siehe Telde.

4

3

**PARQUE ORNITOLÓGICO PALMITOS** ㉒, Vogelpark: siehe Maspalomas.

**PICO DE LAS NIEVES** ㉓. Der höchste Berg auf Gran Canaria, manchmal auch Pozo de las Nieves genannt, ragt mit 1949 Metern weit in den blauen Himmel. Los Pechos mit seiner Aussichtsterrasse, die «Pfirsiche» genannte Radarstation, bietet den besten Panoramablick.

**PLAYA DEL INGLÉS** ㉔ (3000 Einwohner). Während der Ort tagsüber eine eher gesichtslose Urlauberstadt ist, verwandelt er sich nachts in die pulsierende Glitzermetropole der Insel: Besonders rund um die Kasbah kommen Nachteulen auf ihre Kosten! Hier sind die Wege schlicht und einfach: vom Hotel zum Strand, vom Strand ins Restaurant, vom Restaurant in die Disko und von der Disko wieder ins Hotel ... wenn da nicht das Umziehen wäre ...

**PUERTO DE LAS NIEVES** ㉕ (500 Einwohner). Der kleine Fischerort gehört durch den «Finger Gottes», Dedo de Dios, zum Standardprogramm einer Rundreise. Der etwa 30 Meter hohe Felsmonolith steht senkrecht vor der Steilküste im Meer

1 **Das ist nicht Florida, sondern Maspalomas mit einem strandnahen Shopping Center.**

2 **Die Steinwälle am Strand von Maspalomas zeigen an, wo deutsche Urlauber teutonische Wehrhaftigkeit gegen den Wind und den Rest der Welt geübt haben. Es soll Engländer und Franzosen geben, die die Burgen unverändert übernommen haben.**

3 **Die Farben der Architektur in Playa del Inglés lassen ahnen, daß hier «die Post abgeht», wenn's dunkel wird.**

4 **Das schöne Bergdorf Mogán, oberhalb von Puerto de Mogán.**

5 Blick vom Mirador del Balcón zum Südwesten. Hier treibt meist ein starker Wind mächtige Brecher an die Steilküste.

6 Ingenio war früher das Zentrum des Zuckerrohranbaus – hier eine alte Presse aus dieser Zeit. Heute versucht das traditionelle Kunsthandwerk wieder qualifizierte Arbeitsplätze zu schaffen, damit die Menschen nicht auf das tägliche Pendeln in die Touristengebiete des Südens angewiesen sind. Einen Besuch wert ist das Museo de Piedras y Artesanía, eine interessante Verkaufsausstellung.

und sieht aus wie eine Hand, die aus dem Wasser ragt und dabei den Zeigefinger mahnend erhoben hat.

**PUERTO DE MOGÁN** ㉖ (500 Einwohner). Wer von der nur wenige Kilometer entfernten Wabenneststadt Puerto Rico kommt, fragt sich: Warum wurden nicht alle Feriensiedlungen gebaut wie Puerto de Mogán? Es ist das kleinste und mit Abstand das schönste Touristenzentrum der Insel. Hier gelang die friedliche Koexistenz eines Fischerdorfes und einer Urlaubersiedlung. Flache, weiß gestrichene Häuser, üppige Bepflanzungen,

1

2

fast ausschließlich Fußgängerzone, Wasserstraßen und ein imposanter Jachthafen bestimmen das Ortsbild. Ob ein paar hübsche Brückchen schon die Bezeichnung «Klein-Venedig» rechtfertigen, sei dahingestellt ... Aber sie geben dem Ort eine pittoreske Note.

**ROQUE NUBLO** ㉗ ist mit 1803 Metern zwar nicht der höchste, aber wahrscheinlich der bekannteste Berg der Insel. Der Wolkenfels gilt immerhin als das Wahrzeichen Gran Canarias. Nur wenige Kilometer trennen ihn vom knapp 140 Meter höheren Pico de las Nieves.

**SAN FELIPE** ㉘ (100 Einwohner). Dieses Dorf bilden nur ein paar einfache Häuser an der rauhen Nordküste, von denen zwei schlichte Restaurants sind: Aber hier gibt es die Spezialität *pulpo* – Tintenfisch einmal nicht in Ringen serviert, sondern am Stück gegrillt oder gebraten. Wer auf dem Weg zu den berühmten Höhlen Cenobio de Valerón ist, sollte den kleinen Umweg an die Küste für ein so köstliches Mittagessen nicht scheuen.

**SANTA LUCIA** ㉙ (2000 Einwohner). Inmitten von Blumen, Palmen und Bergen läßt sich hier hervorragend eine Rast einlegen. Vielleicht verschwendet man dabei ein paar Gedanken an die Altkanarier: 1483 gaben sie ganz in der Nähe, bei der Felsformation Fortaleza Grande, endgültig ihren Widerstand gegen die spanischen Eindringlinge auf. Der letzte Guanchen-Führer stürzte sich dabei von den Felsen.

**TAFIRA** ㉚ (9000 Einwohner). Es gibt die Ober- und die Unterstadt: Tafira Alta und Tafira Baja. Die Oberstadt gilt als schönster Vorort von Las Palmas, und entsprechend nobel sind auch die Häuser. Hier leben zahlreiche Ausländer, und hier haben die deutsche,

3

4

1 – 2 **Santa Lucia hat zwei Gesichter: den Ort selber, hoch am Hang des Barranco de Tirajana, und den oasenartigen Ortsteil Ingenio tiefer im Barranco, grün und farbig, voller Palmen und Blumen.**

3 **Im Hafen von Puerto de Mogán bilden Fischer- und Touristenboote ein buntes Ensemble; der Strand liegt vor dem eigentlichen Ort.**

4 **Der Roque Nublo ist aufgrund seiner unverwechselbaren Form überall auf der Insel leicht zu identifizieren, zumal er mit 1803 Metern auch der zweithöchste Berg Gran Canarias ist.**

1 – 2 **Das Wandern ist nicht mehr nur des Müllers Lust, sondern auch das Vergnügen der Aktivurlauber, die nach faulen Sonnentagen am Strand den Reiz der Bewegung wiederentdecken.**

3 **Ein beliebtes Wandergebiet sind die lichten Pinien- bzw. Kiefernwälder um den Tamadaba (1444 Meter) im Nordwesten.**

4 **Die obligate Strandwanderung absolvieren Profis mindestens mit «kleiner» Ausrüstung: Rucksack und Mütze.**

# Ab in die Wildnis

## Wandern in der Cumbre

*Natur- und Wanderfreunde kommen auf Gran Canaria voll auf ihre Kosten. Malerische Bergtäler, seltene Gebirgspflanzen, Fernblicke in glasklarer Luft, Abgeschiedenheit und gut ausgewiesene Pfade machen eine Wandertour zu einem echten Ferienerlebnis.*

2

Der alte Mann hat den letzten Bus verpaßt. Das sei ihm in all den 17 Jahren, die er schon auf Gran Canaria lebe, noch nie passiert, sagt er. Seit 17 Jahren fährt der

1

gebürtige Wiener von seiner Wahlheimat Las Palmas per Bus irgendwo in die Cumbre, um dann loszuwandern. «Es ist das Schönste, das man sich vorstellen kann. Und ich entdecke jedes Mal wieder Neues. So erstaunlich das klingt, wenn man regelmäßig seit 17 Jahren hier herumstromert.» Das scheint ihn gesund und munter zu halten: Er ist 85 Jahre alt.

Ein Programm der Europäischen Union sorgt für unbeschwertes Vorwärtskommen in der steinigen Wildnis. Nur die Busabfahrtszeiten von den Hauptstraßen sollte man genau kennen – denn im Dunkeln noch per Anhalter mitgenommen zu werden, ist reine Glückssache.

Stein auf Stein, Schritt für Schritt wurden Wege markiert und gleichzeitig Arbeitsplätze geschaffen. Auch die alten *caminos reales*, die Königspfade, richtete man wieder her. Seit 1987 wurden rund 40 Prozent der Insel per Gesetz zu Naturschutzgebieten erklärt, ein Großteil davon im Gebirge. Ob nun individuell oder in Gruppen, ob eher unerfahrene Spaziergänger oder mit allen Gebirgswassern gewaschene Bergsteiger – Wanderer sind auf Gran Canaria selten. Eher unverständlich, denn: Sensationelle Ausblicke, artenreiche Flora, unberührte Wildnis und Natur pur belohnen den nicht immer einfachen Aufstieg.

3

Man muß nicht viel mitbringen: Gute Wanderschuhe, für Wetterumschwünge warme Kleidung, reichlich Trinkwasser, etwas Obst für den Hunger zwischendurch, eine brauchbare Karte und ein bißchen Pioniergeist. Dann kann man die Abgeschiedenheit des Gebirges unbeschwert genießen und die eine oder andere Entdeckung machen. Zum Beispiel die alten Schneebrunnen, die in der Nähe des Pico de las Nieves und etwas tiefer liegend bei Los Llanos del Pozo zu finden sind (siehe Seite 46).

Als spektakulärste Wandergebiete gelten die Turmfalkenschlucht, Barranco de los Cernícalos, der Kiefernwald Tamadaba und natürlich die Wege um den Pico de las Nieves sowie den Roque Nublo. Wunderschön ist auch die 18 Kilometer lange Klamm oberhalb der Quelle von Firgas, dem Bauerndorf, das wegen seines Wassers inselweit bekannt ist: Firgas-Mineralwasser gibt es überall. Und es schmeckt nach einer ausgiebigen Wanderung besonders gut!

Der am häufigsten frequentierte Wanderweg liegt freilich nicht oben im Gebirge, sondern unten am Meer. Tagtäglich machen sich ganze Heerscharen auf, um vom Leuchtturm von Maspalomas zu den Dünen, weiter zum Playa del Inglés, zum Playa de San Agustin oder zum Playa del Aguila am Strand entlang zu laufen. Die komplette Strecke beträgt stolze elf Kilometer. Und der Strandwanderer hat einen großen Vorteil: Der Busfahrer für den Heimweg stellt nicht ganz so früh seinen Dienst ein wie der Kollege in der Cumbre...

4

1

1 **Telde – 15 Kilometer südlich von Las Palmas und zweitgrößte Stadt – hat eine weitgehend original erhaltene Altstadt, schöner Kern einer überlasteten und lauten Metropole.**

2 **Vom ständigen Wind geformte Baum«skulpturen» im Norden der Insel.**

3 **Die Iglesia de San Juan Bautista in der Altstadt von Telde beherbergt neben einer kunstvollen Christusfigur insbesondere einen berühmten Altaraufsatz aus dem 16. Jahrhundert (siehe rechte Seite).**

4 **Das Cruz de Tejeda markiert den mit 1490 Metern höchsten Straßenpunkt der Insel. Bei klarem Wetter öffnet sich hier mit dem Blick in die Cumbre ein faszinierendes Panorama.**

die amerikanische und die englische Schule ihr Domizil. Größter Publikumsmagnet für Touristen ist aber die Caldera de Bandama. Caldera heißt Krater. Er ist 200 Meter tief, etwa einen Kilometer breit und bietet den besten Einblick in die vulkanische Entstehungsgeschichte der Insel. Die Kraterwände dienten den Guanchen einst als Heimstatt, sicher, abgelegen und die Kräfte der Natur nutzend. Einige der Wohnhöhlen kann man besichtigen, ein Pfad führt in den Krater. Den schönsten Blick genießt man vom 574 Meter hohen Pico de Bandama, einem Aussichtspunkt, der gut mit dem Auto erreichbar ist. Außerdem lockt in der Umgebung der nahe Botanische Garten, der sich an den

3

2

Südhang des Barranco Guinguada anschmiegt. Er beheimatet 5000 Pflanzen aus aller Welt, darunter auch 450 endemische Gewächse, die nur hier wachsen. Besonders attraktiv ist der Kakteengarten des Jardin Canario Viera y Clavijo (siehe Seite 26).

**TEJEDA** ㉛ (3000 Einwohner). Das heimelige Bergbauernnest liegt geographisch gesehen fast genau im Zentrum der Insel. Wesentlich geschäftiger geht's am nur fünf Kilometer entfernten Cruz de Tejeda zu, der Paßhöhe auf 1490 Metern. Es ist die höchste Paßstraße auf Gran Canaria.

**TELDE** ㉜ (80 000 Einwohner). Die zweitgrößte Stadt Gran Canarias besitzt ein intaktes Altstadtviertel mit Kopfsteinpflastergassen und einer ungewöhnlichen Skulptur: In der Kirche San Juan Bautista steht der Christus von Telde, eine nur wenige Kilogramm schwere, aber lebensgroße Figur, die aus dem Mark von Maiskolben geschaffen wurde. Südlich, hoch über der Stadt gelegen, mit schöner Aussicht auf die Ostküste, ruht majestätisch der Montana de las Cuarto Puertas. In den Berg ist eine Höhle mit vier Portalöffnungen gemeißelt, die den Guanchen als Opferplatz diente. Aber sie ist nicht das einzige, was die Urkanarier hier hinterlassen haben: In unmittelbarer Nähe finden sich auch mehrere Wohnhöhlen in den zerklüfteten Felswänden.

**TEROR** ㉝ (14 000 Einwohner). Herrschaftlicher Glanz prägt das religiöse Zentrum der Insel um die 1515 erbaute Basilika: Hier gedenkt man der Schutzheiligen Jungfrau zur Pinie, einmal im Jahr im September sogar mit dem bedeutendsten Umzug und dem wichtigsten religiösen Fest auf Gran Canaria, das die Frömmigkeit der Canarios zeigt.

4

Der Hochaltar der Iglesia de San Juan Bautista (aus dem 16. Jh.) gilt als das bedeutendste sakrale Kunstwerk der Kanarischen Inseln – dabei stammt er aus Flandern. Er zeigt sechs Szenen aus dem Leben Marias: In der Mitte oben die Geburt Christi.

Eine überwätigende Fernsicht mit Roque Nublo und Roque Bentaiga. Das Auto (unten rechts) zeigt den Höhenunterschied der Straßenabfahrt.

Tejeda liegt auf einer Höhe von 1050 Metern. Auf den Terrassen wird Gemüse angebaut, in der Umgebung gibt es Mandel- und Obstpflanzungen.

San Felipe im Norden zieht besonders Kenner der Fischküche an: Die Spezialität der örtlichen Restaurants ist Pulpo (Tintenfisch).

## ZUR SCHNELLEN ORIENTIERUNG – STICHWORTVERZEICHNIS

*Kursive Seitenzahlen verweisen auf Abbildungen.*

Im Bergdorf Fataga.

Kein abgeschiedenes Idyll: Am Strand von Playa del Inglés.

Auf dem Weg nach Santa Lucia: Das Barranco de Tirajana.

**Axel Schenck,** geboren 1941 in Goslar. Kunsthistoriker, Lektor und Fotograf. Stationen bei Westermann in Braunschweig, Ringier/Bucher in Luzern. 1981 Verlagsleiter des Verlages C.J. Bucher in München; seit 1999 selbständig mit BUCH UND BILD Verlagsservice.

**TEXTNACHWEIS**

Gerhard Nebel, Phäakische Inseln. Eine Reise zum Kanarischen Archipel. © Klett-Cotta, Stuttgart, 1954, 1987: S. 1.

**BILDNACHWEIS**

laif/Piepenburg, Köln: S. 21u., 59 u.r.
laif/Zanettini, Köln: S. 6/7, 42 u.
La Tienda Verde, Madrid: S. 52
Ernst Wrba, Sulzbach/Taunus: S. 20 u., 43 u.

Die Karten auf den Seiten 6, 57 und 67 zeichnete Astrid Fischer-Leitl, München
Seite 1: Am Strand von Maspalomas.
Vor- und Hintersatz: Dünen bei Las Palomas

Wir danken allen Rechteinhabern für die Erlaubnis zu Nachdruck und Abbildung. Trotz intensiver Bemühungen war es nicht möglich, alle Rechteinhaber zu ermitteln. Wir bitten diese, sich an den Verlag zu wenden.

Alle Angaben dieses Bandes wurden von den Autoren sorgfältig recherchiert und vom Verlag auf Stimmigkeit und Aktualität geprüft. Allerdings kann keine Haftung für die Richtigkeit der Informationen übernommen werden. Für Hinweise und Anregungen sind wir jederzeit dankbar.
Zuschriften bitte an C.J. Bucher Verlag GmbH & Co. KG, Lektorat, Goethestraße 43, 80336 München.

**Jochen Müssig** studierte Kommunikationswissenschaften, Germanistik und Politologie. Der langjährige «Globo»-Redakteur ist jetzt Chefredakteur des «Condor's Magazin». Autor mehrerer Bände im C.J. Bucher Verlag.

Weitere Titel aus dieser Reihe:

**REISEN IN EUROPA · GRAN CANARIA**

Konzeption: BUCH UND BILD Verlagsservice Axel Schenck
Lektorat: Reinhard Bröker
Bildlegenden Axel Schenck
Bilddokumentation: Urte Ehlers
Graphische Gestaltung: Sabine Dohme
Herstellung: Angelika Kerscher, Gabriele Kutscha
Technische Produktion: Artilitho, I-Trento; Westermann Druck, Zwickau

Printed and bound in Germany
ISBN 3 7658 1234 X